Como ser um aluno eficaz

O selo DIALÓGICA da Editora InterSaberes faz referência às publicações que privilegiam uma linguagem na qual o autor dialoga com o leitor por meio de recursos textuais e visuais, o que torna o conteúdo muito mais dinâmico. São livros que criam um ambiente de interação com o leitor – seu universo cultural, social e de elaboração de conhecimentos –, possibilitando um real processo de interlocução para que a comunicação se efetive.

EDITORA
intersaberes

Como ser um aluno eficaz

Antonio Siemsen Munhoz

Rua Clara Vendramin, 58 . Mossunguê
CEP 81200-170 . Curitiba . PR . Brasil
Fone: (41) 2106-4170
www.intersaberes.com
editora@editoraintersaberes.com.br

conselho editorial
Dr. Ivo José Both (presidente)
Drª Elena Godoy
Dr. Nelson Luís Dias
Dr. Neri dos Santos
Dr. Ulf Gregor Baranow

editora-chefe Lindsay Azambuja

supervisora editorial Ariadne Nunes Wenger

analista editorial Ariel Martins

projeto gráfico Mayra Yoshizawa

capa Charles Leonardo da Silva

Informamos que é de inteira responsabilidade do autor a emissão de conceitos.

Nenhuma parte desta publicação poderá ser reproduzida por qualquer meio ou forma sem a prévia autorização da Editora InterSaberes.

A violação dos direitos autorais é crime estabelecido na Lei n. 9.610/1998 e punido pelo art. 184 do Código Penal.

1ª edição, 2014.

Foi feito o depósito legal.

Dados Internacionais de Catalogação na Publicação (CIP)
(Câmara Brasileira do Livro, SP, Brasil)

Munhoz, Antonio Siemsen
  Como ser um aluno eficaz/Antonio Siemsen Munhoz. Curitiba: InterSaberes, 2014.
  (Série Tecnologias Educacionais).

  Bibliografia
  ISBN 978-85-443-0022-0

  1. Ensino auxiliado por computador 2. Ensino a distância 3. Educação – Recursos de rede de computador 4. Internet na educação 5. Tecnologia educacional I. Título. II. Série

14-04893   CDD-371.334

Índices para catálogo sistemático:
1. Ambientes virtuais de aprendizagem:
Educação 371.334

Sumário

Apresentação 9
Introdução 17

01 | A importância do conhecimento de experiências anteriores 21

02 | A influência da persistência na produtividade do aluno 27

03 | Questionamentos a serem desenvolvidos pelo aluno 33

04 | A importância da concentração na obtenção de resultados positivos 39

05 | O desempenho como fator de sucesso 45

06 | A influência positiva da motivação 51

07 | A importância de saber estabelecer objetivos 57

08 | A obtenção da eficácia com base na determinação da melhor estratégia de estudo 61

09 | O valor de saber utilizar os recursos disponíveis 65

10 | Resultados positivos obtidos por meio do trabalho com as competências transversais 69

11 | Efeitos positivos do reconhecimento das diferenças psicossociais 73

12 | A aprendizagem ativa como requisito para a aprendizagem eficaz 77

13 | A influência do desenvolvimento atento das atividades propostas 83

14 | A escrita e a leitura como competências efetivadoras do processo de comunicação 91

15 | A questão do analfabetismo funcional 97

16	A importância da definição de um bom ambiente de estudo.................... 105
17	A importância da recuperação do prazer de estudar........................... 109
18	A influência das emoções no aproveitamento do aluno............... 115
19	O reconhecimento da importância de se aprender pelo erro...................... 121
20	O valor de reconhecer seu estilo próprio de aprendizagem.................... 129
21	A influência de se conhecer a inteligência predominante no processo de aprendizagem............. 135
22	A importância de se saber o que se espera do profissional do século XXI 145

Para concluir...   *153*
Referências   *159*
Sobre o autor   *171*

Apresentação

Logo após o lançamento do livro *O estudo em ambiente virtual de aprendizagem: um guia prático* (Munhoz, 2012) por parte da Editora InterSaberes, muitos foram os leitores que entraram em contato conosco para esclarecimento de dúvidas. O tema tratado nesse material de estudo nasceu da preocupação com a ausência de orientação mais direta que permitisse ao estudante de EaD:

- tomar conhecimento sobre o ambiente virtual de aprendizagem (AVA) de modo a concluir, de acordo com suas características pessoais se a educação a distância seria a melhor opção de modalidade de ensino;
- conscientizar-se de seus métodos individuais de desenvolvimento de atividades de aprendizagem de modo a escolher as informações e os meios mais adequados a essas características pessoais;
- saber da importância da participação em comunidades sociais, consideradas uma poderosa ferramenta para o aluno que desenvolve seus estudos em EaD;
- aprender a importância de participar de grupos e com eles desenvolver trabalhos de solução de problemas;
- trabalhar com técnicas de organização de estudos com a máxima racionalização possível do tempo disponível;
- reconhecer a relevância do desenvolvimento de suas habilidades de leitura, interpretação de textos e escrita;
- desenvolver a capacidade de navegar extensivamente em um AVA, que simula a vida acadêmica do aluno, em locais que reproduzem o funcionamento de um *campus* presencial, inserido no ambiente virtual;
- aprofundar seus conhecimentos sobre a tecnologia da informação de modo a obter o máximo rendimento nas atividades de pesquisa.

Entre as perguntas dos estudantes que nos contataram, duas se destacaram. A primeira dizia respeito a um anseio, por parte dos leitores, de descobrir em que forma individual de aprendizagem cada um deles se enquadrava, questão que se tornou um dos temas tratados no livro *O estudo em ambiente virtual...* (Munhoz, 2012). A resposta ao primeiro questionamento demandou o desenvolvimento de um trabalho focado na área da metacognição, como o proposto por Zohar e Dori (2012), com a conclusão de que os trabalhos nessa área do conhecimento humano podem ser considerados um poderoso elemento de apoio ao processo de aprendizagem. Os estudos dos pesquisadores citados alertam sobre a importância de o aluno ter consciência de seu estilo de aprendizagem e de suas próprias limitações. É um campo de estudo promissor, apesar das indefinições que ainda o cercam, as quais devem, entretanto, ser superadas por meio do desenvolvimento de novas pesquisas, como as desenvolvidas por diversos estudiosos do assunto – Portilho e Dreher (2013), Rosa (2001) e Silva et al. (2010).

O segundo questionamento referiu-se ao desejo dos leitores de saber em que categoria das inteligências múltiplas propostas por Gardner (1995) eles se enquadravam. Dominar essa classificação, conforme Silva (2012), representa uma possibilidade de criar alternativas para que os alunos aprendam por meio de estímulos diferenciados, que redundam em um desenvolvimento efetivo de suas potencialidades. Outros assuntos foram abordados nas perguntas que os leitores direcionaram a nós, mas a maioria delas se referia às duas áreas citadas (metacognição e inteligências múltiplas).

As respostas que direcionamos aos leitores foram fornecidas individualmente e levaram em conta as características de cada um dos alunos que enviaram o questionamento formalizado após a leitura da obra *O estudo em ambiente virtual...* (Munhoz, 2012). A partir daí, esse público desenvolveu um anseio de saber como cada um deles poderia se tornar eficaz no desenvolvimentos de seus estudos, não mais apenas no processo de educação formal, mas em um processo de formação permanente e continuada desenvolvido para toda a vida.

Tal raciocínio nos leva à evolução tecnológica da atualidade, que faz com que o tempo de estudo formal não seja mais suficiente para garantir uma colocação estável no mercado de trabalho. Desse modo, a aquisição de novas competências e habilidades se impõe como uma necessidade atendida somente se o indivíduo se dedicar à continuidade dos estudos, adequando seus comportamentos e suas atitudes a esse processo.

Em virtude dessa constatação, muitos alunos, dos quais você pode fazer parte, sugeriram o lançamento de uma obra complementar ao livro *O estudo em ambiente virtual...* (2012). O número de pedidos se avolumou de tal forma que consideramos ser este o momento mais indicado para o lançamento do livro *Como ser um aluno eficaz*.

Foi assim que este livro chegou até suas mãos. É possível que você seja um dos que sugeriu que ele fosse escrito. Se isso for verdade, resta agradecer a você e a todos os que incentivaram o desenvolvimento e a publcação desta obra.

A orientação é a mesma do primeiro livro: estar totalmente voltado a você, de modo que sua prática e sua ação na atividade de aprendizagem venham a ser o mais produtivas possível.

A continuidade do trabalho tem o objetivo de propor reflexões sobre a figura do aluno, alertando para todas as dificuldades que ele enfrenta na sociedade contemporânea, entre as quais é possível destacar:

- falta de tempo para o desenvolvimento dos estudos, motivado pela necessidade de superação contínua e de apresentação de máximo desempenho nas atividades desenvolvidas, tanto na vida pessoal como na profissional, em uma sociedade com elevado grau de competitividade;
- sobrecarga emocional e laboral, ocasionada pelo acúmulo de funções e pelo medo do desemprego;
- sobrecarga cognitiva, pois o aluno deve demonstrar que está a par das inovações tecnológicas e que pode dominá-las com desenvoltura, de modo a não ser colocado à margem do mercado e perder seu nível de empregabilidade.

Voltamos a destacar que o enfoque que empregamos no livro *O estudo em ambiente virtual...* (Munhoz, 2012) centrou-se nas ferramentas tecnológicas e nas ideias pedagógicas diferenciadas que podem auxiliar o aluno de EaD a obter maior qualidade no desenvolvimento da atividade de aprendizagem desenvolvida no ambiente enriquecido com a tecnologia digital. Já na obra *Como ser um aluno eficaz*, a ênfase se dá na relação entre os comportamentos e as atitudes do estudante e o seu processo de ensino e aprendizagem no AVA. A perspectiva analisada nesta obra nos leva ao trabalho com emoções. Aqui se dá entrada no campo da computação afetiva, que, segundo Worthan (2013), poderia permitir que máquinas viessem a ter a capacidade de compreender nossos sentimentos, de entender reações emocionais e, assim, trabalhar no enfoque da inteligência emocional, um dos componentes dos novos estudos da inteligência artificial. Thompson (citado por Worthan, 2013) considera que as colocações sobre uma interação homem-máquina, que apontam para possibilidades de um diálogo diferenciado e da percepção das emoções humanas pela máquina, são animadoras, mas devem ser exploradas com muito cuidado, apesar das expectativas favoráveis.

Outra área do conhecimento utilizada nos fundamentos desta obra é a ergonomia cognitiva, que, segundo Silvino (citado por Abrahão, 2009), trabalha com aspectos que influenciam no processo de aprendizagem do aluno, os quais não apenas se relacionam às interações entre os elementos humanos e outros elementos do sistema de ensino e aprendizagem, como também definem uma área particular de estudos denominada "IHM – Interface Homem Máquina".

Os estudos anteriormente citados foram concebidos para melhorar a relação entre homem e máquina, tornando essa interação mais completa e eficaz. Seguindo essa linha de raciocínio, apresentamos neste material os aspectos psicológicos envolvidos no desenvolvimento da atividade de ensino e aprendizagem. Mesmo que não tenha lido a obra *O estudo em ambiente virtual...* (Munhoz, 2012), você pode desenvolver a proposta da obra *Como ser um aluno eficaz* em sua integralidade, pois, apesar de ser uma resposta às lacunas deixadas pela obra anteriormente citada, é autocontida, não exigindo requisitos anteriores.

Assim como o primeiro livro, este material é resultado de observação constante do comportamento e das atitudes de alunos bem-sucedidos nos cursos oferecidos no ambiente enriquecido com a tecnologia digital. A comunicação com esses estudantes[1] foi extensiva e efetuada no que se convencionou denominar *ambiente virtual de aprendizagem* (AVA Uninter).

Esta obra aborda a questão do grau de independência do aluno quanto ao seu processo de aprendizagem, levando em consideração o surgimento de cursos ofertados em uma nova abordagem e a certificação destes por instituições de ensino de elevada qualidade (Penn University, Massachussetts Institute of Technology – MIT, Princeton University, Stanford University, entre outras).

Estamos nos referindo a uma nova abordagem denominada *Massive Open Online Courses* – Mooc (expressão que poderia ser traduzida como "cursos abertos desenvolvidos para grande número de alunos no ambiente virtual de aprendizagem"), que goza de uma grande aceitação por parte do mercado americano, posto que os cursos certificados pelas instituições citadas são muito valorizados no mercado corporativo, como é possível observar no texto de Orsi (2013). Segundo o autor, trata-se de uma nova perspectiva favorável ao processo de formação educacional para um grande contingente de pessoas. A atração que esses cursos suscitam cresce de forma segura, e logo poderemos ver pessoas andando nas ruas da cidade com camisetas de escolas internacionais tradicionais, em um processo de globalização da educação que não pode mais ser evitado. Pior para as instituições de ensino brasileiras, que não acompanham um mercado em evolução e perdem tempo com discussões pouco proveitosas sobre como absorver a evolução tecnológica e como empregá-la na criação de novas formas de ensinar e aprender.

Do mesmo modo que na obra *O estudo em ambiente virtual...* (Munhoz, 2012), você pode utilizar o material que agora tem em mãos como um guia desenvolvido em linguagem dialógica, para que possamos estabelecer uma interação constante entre nós durante todo o desenvolvimento do texto. Este livro também conta com uma novidade: indicamos o endereço eletrônico de um *site* para que você nos consulte e discuta questões de interesse comum com outros compradores desta obra ou com profissionais interessados no tema tratado. Além disso, inserimos várias recomendações sobre questões de nivelamento de docentes e alunos,

---

[1] Alunos dos cursos ministrados pelo Centro Universitário Uninter na modalidade da educação a distância, principalmente no curso de Pedagogia.

destinadas a disciplinas que investiguem e orientem a eficácia dos alunos nos ambientes enriquecidos com a tecnologia digital.

Esperamos que o material lhe seja útil para o desenvolvimento livre e independente de cursos. O futuro que bate à sua porta apresenta exigências de novas competências e habilidades, dentre as quais saber desenvolver o processo de formação permanente e continuada tem elevada cotação.

Este livro é composto de 22 capítulos que podem ser lidos de forma independente, pois cada um deles trata de um tema sobre o qual foram formulados os questionamentos que deram base para o desenvolvimento do material.

O primeiro capítulo analisa o resultado da vivência do autor em diversas situações que lhe permitiram analisar o comportamento dos participantes em cursos desenvolvidos em AVAs. São situações referentes à elaboração de estratégias de retenção dos alunos por parte das instituições e à melhoria da qualidade de aprendizagem que os estudantes podem obter com a mudança de procedimentos estabelecidos no ambiente e em seus comportamentos.

O segundo capítulo trata da importância da persistência do aluno no desenvolvimento de suas atividades. Ela se demonstra necessária em casos em que os estudantes se sentem tentados a abandonar cursos em ambientes enriquecidos com a tecnologia digital quando é exigida a efetivação da aprendizagem independente.

O terceiro capítulo trata da necessidade de o aluno avaliar se sua presença em cursos desenvolvidos nos AVAs pode ou não ser proveitosa.

O quarto capítulo analisa a importância da concentração que o aluno deve empregar quando navega nos intrincados meandros da rede e percorre rotas de aprendizagem desenvolvidas, consideradas o caminho mais indicado pelos docentes e tutores de cursos desenvolvidos no AVA.

O quinto capítulo coloca o aluno diante dos resultados obtidos em outras iniciativas de cursos oferecidos nos AVAs e que provaram, de forma inequívoca, que a eficácia no processo de estudo está diretamente relacionada ao desempenho de cada estudante no desenvolvimento das atividades propostas.

O sexto capítulo trata de um elemento fundamental para o sucesso de qualquer iniciativa tomada pelo ser humano: a motivação. Além disso, reforça a importância da manutenção, cuja responsabilidade maior recai sobre o aluno, desse fator nos cursos oferecidos no AVA.

O sétimo capítulo discorre sobre a importância de o estudante estabelecer objetivos a serem alcançados no decorrer e na conclusão do curso escolhido, pois a determinação de metas auxilia o aluno a optar pela aprendizagem que pode lhe ser mais significativa, tanto para a vida pessoal quanto para a profissional.

O oitavo capítulo destaca a necessidade de o educando de cursos de EaD estabelecer uma estratégia de abordagem para as atividades que dele sejam exigidas e superar os objetivos de aprendizagem estabelecidos em suas atividades no AVA.

O nono capítulo enfatiza a relevância de o aluno conhecer e dominar, na medida do possível, todos os recursos que o AVA coloca à sua disposição, bem como de exigir auxílio em caso de dúvidas ou falta de conhecimento, para não prejudicar o desenvolvimento de suas tarefas.

O décimo capítulo trata de um assunto pouco trabalhado nos AVAs: o desenvolvimento das competências transversais necessárias ao comportamento humano como meio de garantir o melhor aproveitamento dos alunos nos cursos de EaD.

O décimo primeiro capítulo enfatiza a importância do reconhecimento das diferenças psicossociais e a necessidade de as pessoas as aceitarem, trabalhando em conjunto com indivíduos de diferentes culturas e estilos de aprendizagem.

O décimo segundo capítulo trata da principal mudança de paradigma para o aluno dos cursos de EaD: alterar seu perfil de assistente passivo, que recebe e decora conteúdos, para um sujeito ativo, que constrói novas formas de aprender.

O décimo terceiro capítulo fala da importância de o aluno desenvolver e entregar todas as atividades que lhe são designadas pelos tutores, mesmo aquelas optativas.

O décimo quarto capítulo destaca a relevância de o aluno de cursos de EaD dominar a leitura e a escrita para uma comunicação adequada no AVA.

O décimo quinto capítulo trata do analfabetismo funcional, problema que prejudica não somente o aluno, mas também outros membros das equipes que normalmente se formam nas comunidades de prática.

O décimo sexto capítulo fala sobre a definição de um local onde o aluno possa desenvolver suas atividades, elemento decisivo para que o estudante desenvolva seus estudos no AVA de forma adequada.

O décimo sétimo capítulo trabalha com a questão de o estudante de EaD recuperar o prazer de estudar, de ver os resultados que pode ter com base na transformação de informações em novos conhecimentos.

O décimo oitavo capítulo destaca um fator extremamente valorizado por muitos educadores para que a aprendizagem aconteça: a inserção da emoção no processo. A empatia e a aproximação entre os participantes, independentemente de sua hierarquia no ambiente, deve ser incentivada como um dos aspectos favoráveis a fim de que a aprendizagem ocorra de modo eficaz.

O décimo nono capítulo trabalha o tema da aprendizagem pelo método de tentativas, erros e acertos, o qual se revela uma das principais formas de aprendizagem em AVAs.

O vigésimo capítulo retoma um aspecto negligenciado em muitos cursos de EaD: a identificação do estilo de aprendizagem do aluno. Ao conhecer essa característica, os docentes e tutores podem adequar formas de apresentação de conteúdos e elaborar maneiras mais eficazes de mensurar o grau de aproveitamento do aluno nos ambientes de aprendizagem.

O vigésimo primeiro capítulo destaca a importância de o aluno saber qual é o tipo de inteligência, dentro do conceito de inteligências múltiplas, destacável em seu perfil psicológico.

O vigésimo segundo capítulo apresenta competências e habilidades necessárias para que o aluno de EaD se torne o profissional do conhecimento do século XXI.

A obra é encerrada com um conjunto de considerações relacionadas ao resultado dos estudos que levaram ao desenvolvimento desta obra.

Introdução

Uma de nossas principais preocupações quando do desenvolvimento deste material foi a de observar o comportamento dos alunos no ambiente virtual de aprendizagem (AVA) e, em seguida, verificar o desempenho dos estudantes mais eficazes. As atitudes daqueles que apresentavam melhores resultados foram registradas e relacionadas em uma lista. Muitas recomendações sobre comportamentos e atitudes a serem adotados pelos projetistas instrucionais e inseridos em novos projetos resultaram deste estudo; entretanto, as menos citadas acabaram por ser abandonadas. Assim, as que restaram podem ser consideradas comportamentos e atitudes capazes de fazer com que o educando obtenha sucesso na utilização eficaz da tecnologia educacional presente no ambiente enriquecido com a tecnologia digital, e, portanto, estão registradas neste material.

Não consideramos necessário distinguir entre os métodos utilizados nos cursos presenciais e aqueles usados nas modalidades *d-learning, b-learning, e-learning, m-learning*[1]. Todas essas formas vêm sendo utilizadas de modo combinado, e os ambientes mistos tendem a se impor como a solução para a educação no futuro.

A diferenciação sobre onde e como o aluno desenvolve seu curso parece importar cada vez menos. Conforme Andrade e Pereira (2012), ocorrem convergências cada vez maiores entre as práticas educacionais utilizadas na educação a distância e no ensino presencial, opinião também adotada por Luzzi (2007). De acordo com Agência Estado (2012), o mercado de trabalho vem apresentando maior aceitação aos cursos enriquecidos pela tecnologia digital, apesar de "reprovar" quase 50% dos alunos egressos de tais cursos. O motivo para uma rejeição

---

[1] O *d-learning* consiste na oferta de cursos via satélite cujos alunos estão presentes, de forma síncrona, em polos de apoio. O *b-learning* representa o que muitos consideram a educação do futuro: a educação mista, na qual os momentos presenciais de ensino são viabilizados de acordo com a necessidade. O *e-learning* constitui-se em processos de imersão do aluno, que pode ser total, no ambiente virtual. O *m-learning* é uma evolução do *e-learning* que leva em conta a presença da computação móvel nos processos educacionais. Essas definições são de uso corrente no jargão da área.

tão massiva reside no fato de 38% dos alunos vindos do ensino superior serem considerados analfabetos funcionais. Tendo em vista o preocupante índice apresentado anteriormente, é possível afirmar que o aluno com conhecimento para desenvolver um processo de formação permanente e continuada apresenta um diferencial em relação àqueles que não tomam iniciativa de desenvolver programas de formação complementares. Seleme e Munhoz (2009) consideram a especialização contínua uma das formas mais eficazes de enfrentar as transformações do mercado em constante mutação, o que confere ao *profissional do conhecimento*, termo criado por Drucker (2001), um diferencial real e mensurável. Portanto, são inegáveis as vantagens que podem ser obtidas por meio do desenvolvimento de um estudo orientado no sentido de formar no aluno egresso as características pontuadas por Drucker (2001) para o profissional do século XXI – capaz de desenvolver pesquisas, definir problemas e identificar estratégias alternativas para atuar sobre informações e transformá-las em conhecimento.

O material que originou esta obra consiste no acompanhamento do desenvolvimento de atividades aplicadas a um público totalmente diversificado em termos de faixas etárias e características cognitivas. É um fato importante, que torna a pesquisa abrangente e os resultados aplicáveis a um grande número de pessoas.

No período de realização da pesquisa destinada à obra, as atitudes e os comportamentos que mais favoreciam a aprendizagem do aluno foram devidamente registrados. Os resultados levantados foram, então, sugeridos a outros alunos como uma atividade intencional e dirigida, o que permitiu aperfeiçoar os resultados. Toda e qualquer atitude ou comportamento que se sobressaísse em alguma avaliação era acompanhado e registrado. Assim, o processo desdobrou-se em duas etapas: uma de observação, comparação e mensuração do desempenho dos alunos diante de algumas medidas propostas, e outra de aplicação das medidas com melhores resultados a grupos de alunos escolhidos aleatoriamente. Novamente, houve uma convergência de resultados em diversos aspectos, que foram destacados para discussões isoladas.

Uma das principais convergências observadas foi a de que alunos que cursavam o terceiro ou quarto programa de formação apresentavam melhores condições de desenvoltura pessoal. É um aspecto que pode ser relacionado à conscientização por parte do aluno da necessidade de formação permanente que deve ser incorporada ao seu perfil profissional e à sua cultura. Para esses alunos, as possibilidades de sucesso são maiores. Dessa forma, com base nas constatações iniciais, passamos a levantar as características da ação e da prática desses estudantes. Foram assinalados aspectos importantes para o seu percurso de formação e analisou-se cada um deles em termos dos benefícios que podem trazer. Foram relacionados como tópicos de interesse:

- estudar a importância do conhecimento adquirido em experiências prévias;
- analisar a influência da persistência na produtividade do aluno;
- orientar questionamentos a serem efetuados pelos alunos;
- destacar a importância da concentração na obtenção de resultados positivos pelo aluno;
- analisar a efetividade do desempenho como fator de sucesso;
- discutir a influência positiva da motivação;
- enfatizar a importância do estabelecimento de objetivos;
- destacar a eficiência do uso de estratégias para o desenvolvimento adequado dos estudos no AVA;
- destacar o valor do domínio dos recursos colocados à disposição no AVA;
- apresentar resultados positivos da utilização das competências transversais nas atividades de aprendizagem;
- apresentar os efeitos positivos do reconhecimento das diferenças psicossociais no processo de aprendizagem;
- destacar a importância da efetivação da aprendizagem ativa;
- orientar para a necessidade de participação intensiva nas atividades de ensino previstas no ambiente;
- enfatizar a influência do domínio da escrita e da leitura para a eficácia no processo de comunicação nos AVAs;
- indicar cuidados a serem tomados para evitar que o analfabetismo funcional prejudique os desempenhos individual e grupal do educando;
- destacar a importância de um bom ambiente de estudo para a qualidade das atividades de aprendizagem;

- ressaltar a importância da recuperação do prazer de estudar como elemento fundamental para uma aprendizagem eficaz;
- apresentar teorias que confirmam a importância da utilização da emoção nas atividades de ensino e aprendizagem, independentemente do ambiente em que sejam desenvolvidas;
- destacar a importância da aprendizagem pelo erro, sem coerção, como estratégia eficaz para o processo de aprendizagem de qualidade;
- enfatizar a relevância da classificação da inteligência predominante no aluno, de acordo com a teoria das inteligências múltiplas;
- apresentar o que é esperado do aluno como participante de uma sociedade que valoriza o profissional do conhecimento.

É possível observar que todos esses itens se referem a comportamentos e atitudes individuais e coletivas que, quando desenvolvidas, podem atuar como elementos fundamentais para a melhoria de seu desempenho. A fim de que esses aspectos se consolidem, interação e diálogo surgem como os fatores mais influentes, como iniciativas que devem ser incentivadas de forma extensiva no ambiente. A postura do engajamento é considerada essencial por Barboza e Giordan (2008), representando um fator que proporciona maior eficiência aos resultados obtidos nos ambientes enriquecidos com a tecnologia digital.

Praticamente todas as recomendações repassadas para os alunos devem ser associadas à intervenção da orientação acadêmica (tutoria); o destaque à necessidade de interação e diálogo deve ser oferecido antes de se tomar qualquer outra medida no ambiente. Você pode aplicar essa recomendação de forma extensiva quando desenvolver trabalhos nos AVAs.

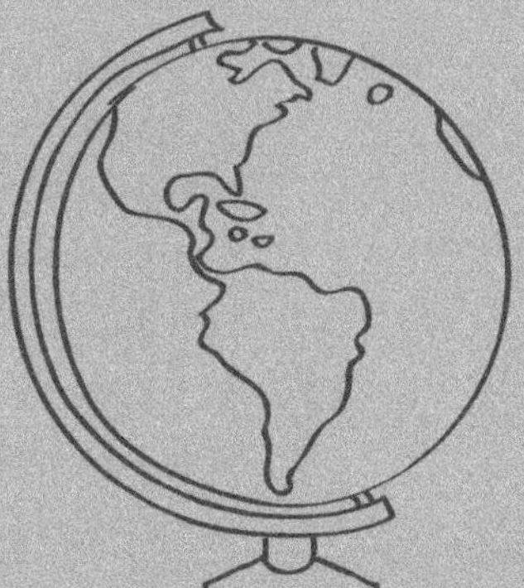

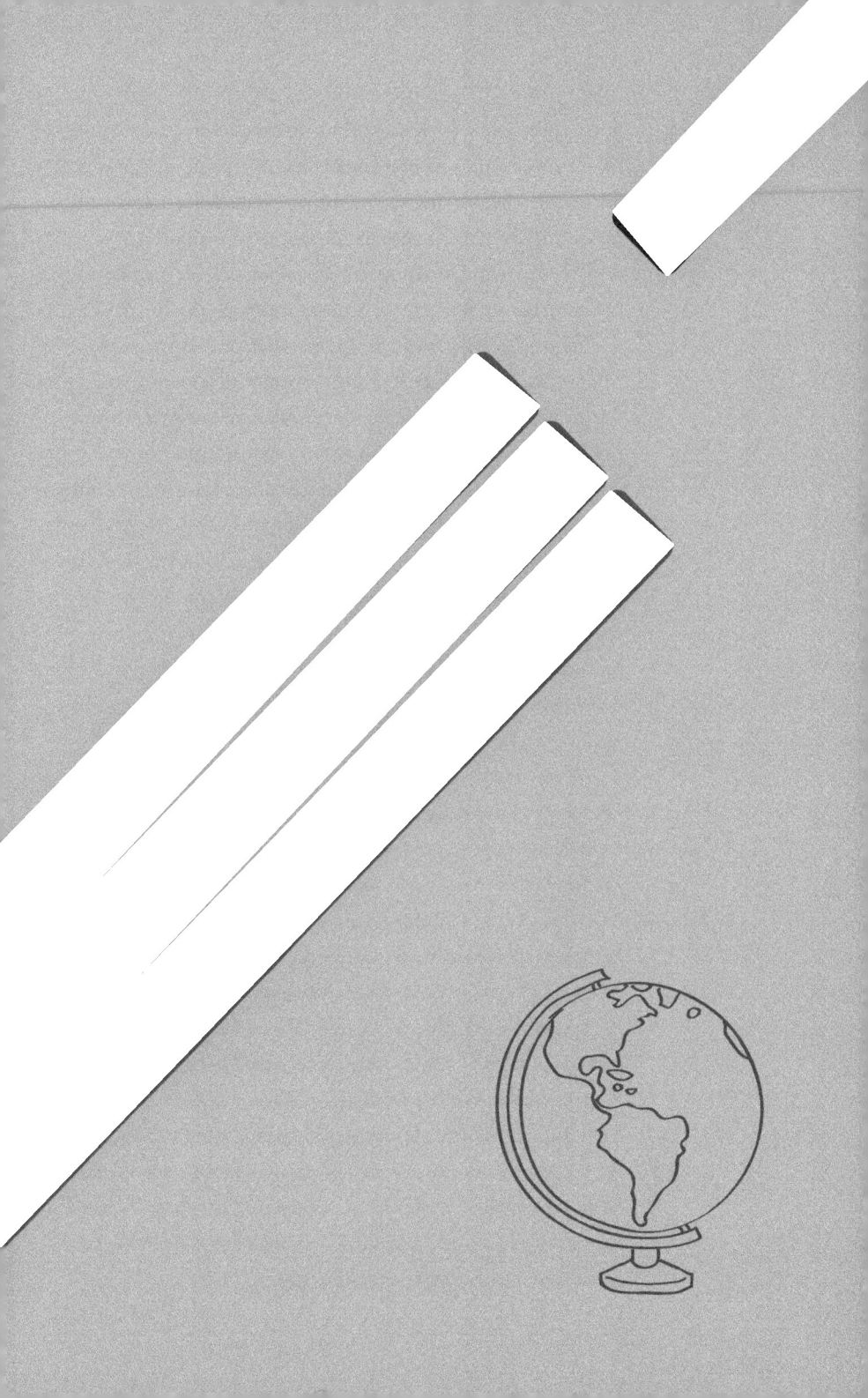

Ao analisarmos o comportamento dos alunos para buscar fatores de sucesso, um primeiro fator saltou-nos aos olhos quase imediatamente. Alguns alunos demonstravam uma desenvoltura muito maior do que outros, tanto na navegação pelo ambiente virtual de aprendizagem (AVA) quanto na manutenção de contato com as estruturas administrativa, docente e tecnológica à disposição.

Foi um fator que confirmou a afirmação de Diniz (2013) sobre a importância da experiência anterior e de esta ser levada em consideração nos estudos do aluno. Alunos com experiências anteriores adquiridas em processos de formação desenvolvidos em seu trabalho ou na participação em cursos ofertados nos ambientes enriquecidos com a tecnologia digital em uma pós-graduação, por exemplo, ainda que em ambientes presenciais, são indivíduos que já incorporaram os valores de cooperação, colaboração e trabalho em grupo. Estudantes com esse perfil mostram-se receptivos às solicitações de uma participação intensiva em virtude do conhecimento de que dispõem sobre a importância dessa interação nas atividades e nos grupos formados.

Neste ponto do texto, você talvez esteja se perguntando: "Como a possibilidade de obter bons resultados na atividade de aprendizagem pode ser desenvolvida no aluno sem experiência em ambientes enriquecidos com a tecnologia digital?". O material disponível nos tópicos seguintes está direcionado no sentido de responder a essa questão, trazendo o resultado dos estudos desenvolvidos e apresentando medidas a serem utilizadas na orientação a alunos de cursos de EaD, as quais podem ser consideradas "melhores práticas". Os docentes especialistas, que produzem os materiais de ensino, e os tutores, que acompanham a evolução do aluno, são informados antecipadamente sobre os resultados obtidos nos estudos desenvolvidos para produção deste material. Assim, o trabalho desenvolvido pelos projetistas instrucionais e pelos docentes, a partir dessas informações, pode também ser mais eficaz e atender às necessidades dos alunos.

Ficou evidente que os alunos que contam com vivências prévias em AVAs ou que já desenvolveram algum tipo curso podem obter melhores resultados no que se refere ao desempenho de aprendizagem nos cursos de EaD. Isso inclui a instituição que oferta esse ambiente, bem como sua área administrativa, os docentes, a orientação acadêmica e os produtos educacionais fornecidos como materiais didáticos para os alunos.

Se você não levar em conta nada do que está sendo descrito até esta altura do texto, certamente os docentes e orientadores acadêmicos que participam do seu AVA vão buscar orientá-lo a fim de que tome as atitudes aqui descritas. Essas observações valem para todo o restante do texto que você tem em mãos. Então, mãos à obra.

Assim que você iniciar seu curso, procure nas redes sociais ou de relacionamento profissional pessoas que já desenvolveram um ou mais cursos oferecidos em AVAs ou em condições similares e mantenha um diálogo com esses indivíduos. Em seguida, procure compartilhar com os alunos do curso em que você está inscrito as observações e recomendações que recebeu de alunos mais experientes. Aos poucos, é possível que você seja reconhecido como uma pessoa com alto nível de cooperação e colaboração, características que podem ser convertidas em pontos importantes nas redes sociais e de relacionamento profissional, levando em conta que a avaliação do trabalho nesses ambientes se apoia na meritocracia. Aqueles que fazem mais pela comunidade têm maior acesso às turmas da "tribo digital"[1].

Se você ainda não é participante de alguma dessas turmas, recomendamos que inicie seu cadastramento imediato em algumas redes e passe a seguir e curtir pessoas que apresentem maior experiência no desenvolvimento de cursos. Faça perguntas pertinentes, sempre visando identificar as providências tomadas que obtiveram bons resultados. Relacione e teste todas as recomendações. No entanto, fique atento: é possível que algumas indicações não se apliquem ao contexto do curso no qual você está inscrito.

---

[1] Localidades (Facebook®, LinkedIn etc.) que surgiram no ambiente virtual e a evolução das ferramentas que permitem acesso (*blogs, videoblogs,* YouTube) contrariam a expectativa de acordo com a qual as pessoas se tornariam antissociais em virtude do uso dos computadores. Essas comunidades formadas em torno de interesses comuns são denominadas "tribos digitais".

As recomendações expostas até aqui não deixam de ser importantes se você já tem experiência anterior em AVAs, mas se tornam menos urgentes. Provavelmente, muitas das recomendações que você lerá nesta obra já são aplicadas em sua ação e prática como aluno desses ambientes de aprendizagem, obtidas durante o desenvolvimento de um processo de educação formal ou em um processo de formação permanente e continuada. Entretanto, rever os conceitos pode ser uma forma de reforçar a repetição de atitudes e comportamentos mais corretos.

Paralelamente à leitura desta obra, utilize-se dos *Massive Open Online Courses* – Moocs. A inscrição na grande maioria desses cursos é gratuita e recomenda-se, em todos eles, a criação de comunidades de prática[2].

Com essas medidas, você pode revestir-se de uma "experiência" que lhe conferirá condições diferenciadas para acompanhar a evolução do curso. Parece haver uma relação direta entre experiência profissional e aproveitamento acadêmico. Nos cursos de Pedagogia desenvolvidos no Centro Universitário Uninter foi efetuada grande parte das experiências que fundamentam este livro. Por meio dessas experiências, concluímos que cada um dos professores mais experientes, que estavam colocados como alunos do curso e buscavam uma qualificação complementar, sempre obtiveram maior aproveitamento na atividade de aprendizagem. A influência significativa que tiveram sobre outros grupos de professores menos experientes não pode deixar de ser destacada, podendo, inclusive, ser totalmente creditada como decorrente de sua experiência pessoal. Não importam aqui as razões que os levaram a isso; o que importa são os resultados obtidos durante o acompanhamento do desempenho dos alunos, que, em praticamente todas as medições realizadas na pesquisa, foram mais participativos e alcançaram melhores resultados em seus cursos.

O que desejamos que você retenha das observações realizadas até este ponto do texto é que os alunos mais experientes devem utilizar suas experiências anteriores não somente no sentido de atingir um melhor grau de aproveitamento, mas também como oportunidade de auxiliar outros participantes com menos

---

2 Grupos de pessoas com interesse comum em algum assunto; esses grupos são criados no entorno dos cursos oferecidos nos ambientes enriquecidos com a tecnologia digital.

experiência. Estes, por sua vez, devem "correr atrás" de um conhecimento adicional, que, nos dias atuais, pode ser obtido de forma simplificada e com baixo investimento. Você pode atingir os mesmos resultados, desde que aplique as recomendações apresentadas nesta obra.

Este capítulo enfatizou, assim como será realizado em outros pontos da obra, a importância do acesso às redes sociais e profissionais (Facebook© e Linkedin© são os exemplos de maior destaque). Quando se repassou essa necessidade aos alunos participantes da pesquisa desta obra, a primeira reação de alguns deles foi apresentar resistência, com alegação da falta de seriedade dessas localidades virtuais. É um aspecto a ser levado em consideração, pois pode ser uma oportunidade para que o comportamento dos participantes dessas comunidades seja alterado.

Blogs

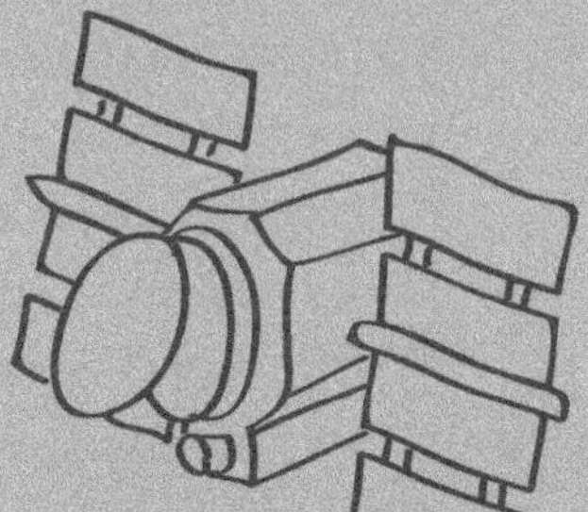

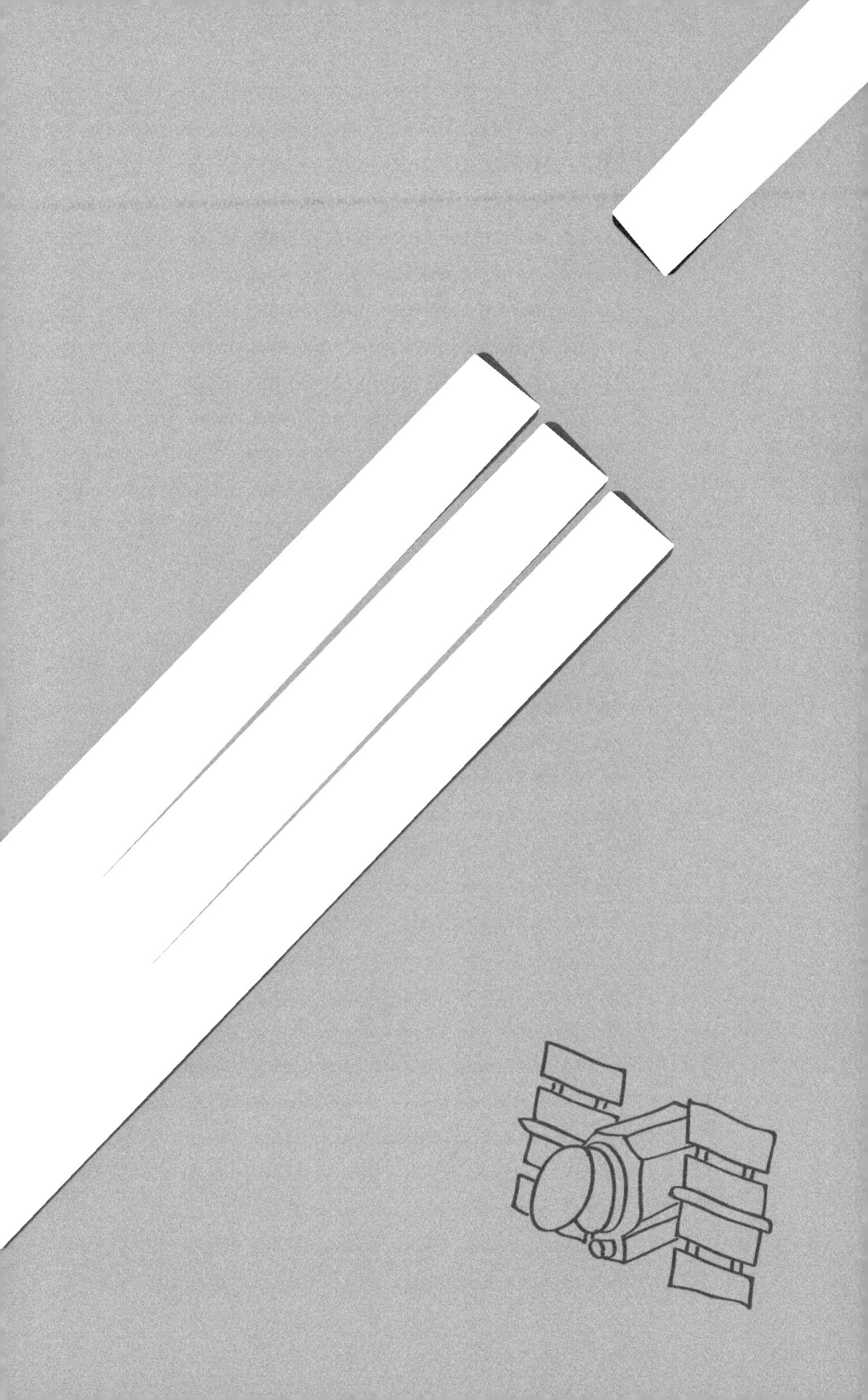

Nos cursos oferecidos na modalidade presencial, assim que o horário destinado às aulas termina, os alunos guardam o material, encerram as atividades e retornam para suas casas. O próximo contato com o docente e com os demais alunos ocorre somente na próxima aula. Portanto, há uma interação muito pequena entre os participantes dos cursos, exceção feita a poucos alunos que buscam ampliar o relacionamento para fora do ambiente das salas de aula.

Com a evolução tecnológica, é possível eliminar essa limitação. A interação mais frequente entre participantes de um mesmo processo pode auxiliar a atividade de aprendizagem e permitir a criação de novas formas de aprender, já que o aluno interage de modo mais direto com estudantes de diferentes culturas.

No desenvolvimento de seus estudos, os alunos de cursos presenciais reservam um tempo necessário apenas para se desvencilhar de seus compromissos. No ambiente virtual de aprendizagem (AVA), pesquisas indicam um perfil diferenciado de aluno participante. A diferença consiste na disciplina e na persistência identificadas não apenas em momentos de maior atividade no AVA, nos quais o aluno permanece *on-line* por mais tempo, mas também na assiduidade e na manutenção de um volume satisfatório de entrada no transcorrer de todo o processo.

Alunos capazes de manter uma rotina de estudo constante apresentam melhores resultados. Estudos de Patron e Lopez (2011), desenvolvidos na West Georgia University (EUA), apontam que o rendimento de alunos disciplinados e persistentes é superior. Os autores afirmam que, diante dessa realidade, na qual um tempo de estudo maior não representa necessariamente um maior aprendizado, as instituições de ensino devem privilegiar não a quantidade de material, mas sim a qualidade deste.

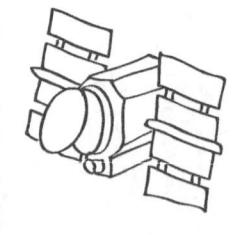

É uma consideração importante e defendida por muitos outros pesquisadores. Argumenta-se que, na atualidade, mais do que dar importância ao conteúdo e ao volume deste, deve-se destacar mais os estudos dirigidos à maneira como o aluno aprende e criar condições para que ele defina formas inovadoras de aquisição de conhecimento. Esse é um aspecto que delega ao aluno uma responsabilidade maior na procura de materiais para poder desenvolver as atividades propostas no AVA.

Ao abandonar a perspectiva de trabalho com conteúdo, a instituição de ensino e os educadores colocam-se diante de um desafio. É comum vermos alunos não cumprirem as atividades sugeridas para desenvolvimento independente ou as inseridas no ambiente virtual, em razão do elevado volume de leituras e arquivos de áudio e vídeo. Além disso, materiais didáticos impressos ou digitais extensos costumam provocar sobrecarga cognitiva em alunos que desenvolvem os estudos no ambiente digital.

Em virtude dos problemas apontados no parágrafo anterior, o material deve caracterizar-se por uma maior ênfase na interatividade e em atividades sequenciais menos extensas. O mesmo cuidado deve ser tomado em relação aos arquivos de áudio e vídeo. Além dessas demandas específicas dos materiais destinados ao ensino a distância, o tema da ludicidade vem sendo seriamente considerado na produção desses recursos, levando muitos educadores a considerar a possibilidade de utilizar a gameficação de forma extensiva em educação. Aspectos positivos nessa orientação são enxergados por Kapp (2012), apesar de o autor reconhecer a dificuldade em convencer docentes que trabalham em uma perspectiva tradicional (de reprodução de conhecimentos) para uma utilização mais extensiva dos recursos atuais de aprendizagem disponíveis. Ainda assim, o pesquisador considera que orientar indivíduos da era digital com a linguagem dos jogos, com a qual tiveram contato desde a tenra infância, é uma estratégia que pode trazer melhores resultados do que a oferta de grande quantidade de materiais e transmissão de conhecimentos prontos e acabados.

As colocações efetuadas anteriormente trazem uma crítica às estruturas de ensino em que o excesso de informação pode provocar sobrecarga cognitiva. Produza um pequeno ensaio descrevendo seu ponto de vista, suas experiências e suas impressões sobre os recursos anteriormente citados.

A gameficação no ensino parece ser uma tendência irreversível. McGonigal (2011) acredita que a educação logo não mais poderá prescindir de sua utilização, opinião compartilhada com as colocações efetuadas por Prensky (2007, 2010), que apresenta uma nova forma como os "nativos digitais"[1] aprendem – o uso de redes sociais, a utilização do processo de gameficação na educação, a mudança de comportamentos e atitudes. Muitas vezes, é difícil determinar qual delas provocou efeito mais eficaz na manutenção da persistência do aluno no ambiente. Qualquer negação sobre as questões de gameficação e a importância desta para a manutenção do interesse do aluno esbarram em números consistentes apresentados por McGonigal (2011)[2]:

Mais de 31 milhões de pessoas no Reino Unido são jogadores.
São pessoas que estão na faixa etária média dos 21 anos e que gastam milhares de horas em jogos.
 Esses jogadores acabam por se tornar eficientes solucionadores de problemas e desenvolvem com frequência atividades de cooperação e colaboração na rede.

A pesquisadora propõe um instigante desafio para muitos educadores em nosso país que consideram os jogos como uma atividade que nada tem a ver com aspectos didáticos e pedagógicos. A autora ainda afirma que o futuro pertence às pessoas que puderem compreender, projetar e participar de jogos. E o futuro já está presente. Só não percebe esse fato quem não quer.

Compare as colocações de gameficação da educação realizadas anteriormente com o seu comportamento no desenvolvimento de suas atividades de ensino e aprendizagem. Observe qual é o efeito que essas declarações provocam em sua cultura e reflita sobre essa realidade na qual você pode vir a se transformar em uma pessoa participante de ambientes onde os *games* têm destaque.

---

[1] Assim são chamados os jovens nascidos a partir da década de 1990 e que viveram toda sua vida sob a égide da tecnologia digital.
[2] Tradução nossa.

O fenômeno que ocorre no Reino Unido não é localizado. Aos poucos, a gameficação se expande e pode ser verificada inclusive em nosso país. Números levantados por pesquisa da *Folha de S. Paulo* colocam o Brasil como o quarto mercado de *games* do mundo (Orrico, 2012). A faixa etária envolve pessoas entre 18 e 23 anos. Não é sem motivo que muitas instituições de ensino pensam em adotar a gameficação em suas ofertas de cursos nos ambientes enriquecidos com a tecnologia digital.

Há um destaque final necessário. Quando falamos em *games*, o primeiro pensamento, não somente das pessoas que vão jogar, mas também das instituições que já anteveem gastos consideráveis, volta-se para os grandes jogos, lúdicos e geralmente sem característica didática e pedagógica alguma. Jogos menos pretensiosos, desenvolvidos de forma simplificada, podem incentivar a aprendizagem no mesmo nível pedagógico, mas com menores custos.

Quando nos referimos à gameficação no processo de ensino e aprendizagem, pensamos em jogos sérios e pequenos (*serious games/small games*). São programas que quebram a linearidade do texto e chamam o aluno a reflexões, a ações relacionadas com os conteúdos e que permitem o trabalho com ideias pedagógicas diferenciadas, tais como o aprender a aprender, o aprender pelo erro, entre outras. Diferentes formas de aprendizagem foram destacadas por Delors (1998) em seu relatório produzido para a Organização das Nações Unidas para a Educação, a Ciência e a Cultura (Unesco).

Também é necessário enfatizarmos os *smartphones* e outros dispositivos que trazem a mobilidade para a vida de cada um de nós. Eles representam a convergência de todos os meios de comunicação em um único meio. É algo que nos leva a pensar na democratização possível do acesso ao processo de ensino-aprendizagem. Nesses aparelhos, os jogos mais procurados são pequenos jogos, voltados totalmente para o lúdico. Os jogos educacionais trazem uma proposta diferenciada, mas devem ter a ludicidade como um ponto de referência. Acreditamos que absorver essas ideias seja algo fácil para você, que vive em uma sociedade de consumo que incentiva as pessoas a acompanhar, quase que por obrigação, a evolução tecnológica.

Acreditamos que você pode fazer parte dessa demanda por produtos tecnológicos mesmo que não necessite de um desses pequenos brinquedos. Acompanhar a febre de consumo incentivada por massivas iniciativas de *marketing* torna-se quase um dever. Independentemente desse problema, é necessário aproveitar o que esses pequenos aparelhos podem fazer por você, o que não é pouco. Na atualidade, tudo o que você teve oportunidade de desenvolver apenas em salas de aula tradicionais pode ser desenvolvido nas salas de aula virtuais, ou AVAs. É possível desenvolver seus estudos onde quiser e da forma como quiser. Não há mais um horário fixo, o que lhe permite desenvolver o curso de acordo com sua disponibilidade de tempo. É uma perspectiva atraente, principalmente quando vemos as instituições de ensino utilizando a tecnologia digital em todas as suas potencialidades.

Acreditamos que você já deve ter o seu *smartphone* ou seu *tablet*[3] ou está a caminho de adquirir um aparelho de tecnologia digital. Utilize-o como um companheiro de valor no desenvolvimento de sua formação profissional. Inscreva-se em algum Mooc e comprove o que afirmamos ao longo deste capítulo.

Antes de encerrar as atividades neste capítulo, interrompa por alguns minutos a sequência de seus estudos. Analise qual é a sua reação à utilização da computação móvel em educação. Se já fez algum curso nessa modalidade, relate as suas experiências. Se não fez, reflita sobre as suas expectativas e compare com os resultados que irá obter quando desenvolver seu primeiro programa de formação complementar.

---

3 Aparelhos que surgiram na esteira da evolução tecnológica das telecomunicações. Eles acabam por se transformar em pequenos computadores, alguns com grande potencial de processamento e de comunicação.

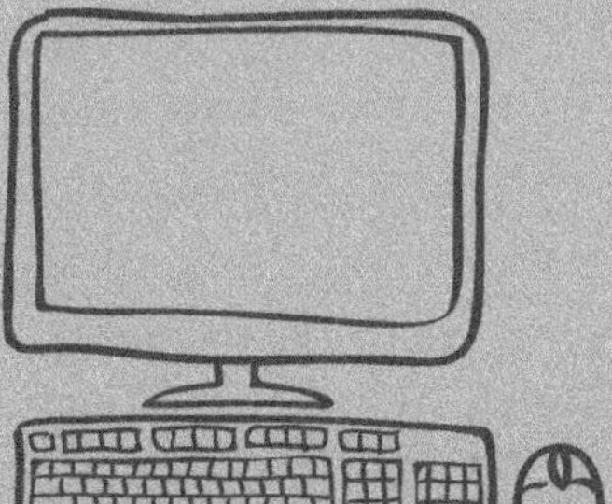

Apesar de exigir independência do aluno em diversos níveis, estudar em qualquer modalidade nos ambientes enriquecidos com a tecnologia digital não significa ser deixado à própria sorte. Partir do assistencialismo característico dos cursos presenciais para o total abandono nos ambientes virtuais de aprendizagem (AVA) é uma receita certa para o aumento da taxa de evasão nos cursos de EaD. Percebendo essa realidade, as instituições ofertantes de cursos de EaD criaram estruturas de comunicação do tipo "muitos-para-muitos" (que permitem comunicações síncronas ou assíncronas via *e-mail*, *chat*, fórum, rádio *web* e pequenos vídeos com sincronia *on-line*) por meio de sistemas de gerenciamento de conteúdo e aprendizagem, que simulam o *campus* virtual. No entanto, cabe ressaltar que é obrigação do aluno acessar esses canais de comunicação para sanar dúvidas e compartilhar experiências.

Registre seu comportamento com relação à participação nas atividades propostas no AVA. No texto, está clara a sugestão de que essa participação deve ser feita de forma disciplinada e dirigida, além de ser extensiva e intensiva. É uma recomendação a ser guardada.

A utilização eficaz dessas estruturas de comunicação está entre as competências e habilidades desejáveis em EaD, como destacado na obra de Behar (2013), pois é ela que torna possível o desenvolvimento de um processo de formação eficaz nos ambientes enriquecidos com a tecnologia digital. É possível observar um melhor aproveitamento dos alunos de EaD quando estes são incentivados a se comunicar extensiva e intensivamente no AVA. Existem alunos que não se comunicam em nenhuma ocasião com as pessoas que estão à sua disposição nos cursos enriquecidos pela tecnologia digital. Essas pessoas apenas navegam pela estrutura dos cursos e participam das atividades em grupo só quando são convidadas ou, em casos extremos, obrigadas.

Tenha em mente que, em algum momento, você terá alguma dúvida em seu curso. Lembra-se de quando você se calava em ambientes presenciais, para não atrapalhar o desenvolvimento da aula ou por ter vergonha de se manifestar em público (mal que atinge muitos de nossos alunos)? Não há mais razões para isso. Na modalidade virtual, você tem a liberdade de se comunicar com outros alunos, com docentes, com orientadores, com a estrutura administrativa do curso. Aproveite essas oportunidades!

Dependendo da forma como é ofertado o curso em que você está matriculado, é possível contar com a assistência síncrona ou assíncrona dos orientadores acadêmicos (tutores) que podem ser contatados em "encontros sem rosto", em que as pessoas não estão frente a frente (Giddens, 1991). Nesses casos, segundo Giddens (1991), novas relações de confiança entre pessoas que não se conhecem devem ser estabelecidas. A partir daí, é preciso que o receio de perguntar caia por terra. A situação social é diferenciada e qualquer problema pode ser superado.

Voltamos a um ponto crucial para a obtenção de qualidade no processo de ensino e aprendizagem nos AVAs: o desempenho como fator decisivo. Não basta toda a infraestrutura montada se você não utilizá-la. Participação é a medida de desempenho que tem se mostrado a mais desejável no perfil do aluno, pois isso significa que ele quer aprender. É praticamente impossível ensinar alguma coisa a quem não quer aprender. Se você enfatizar seu desempenho em um curso de EaD, o primeiro obstáculo está superado. A forma de aplicar essa recomendação se torna simples. Desse modo, a menos que você tenha problemas de acesso às estruturas tecnológicas de apoio ao ensino, não há justificativa para que sua participação não aconteça.

Convém salientarmos que sua participação em cursos não pode se limitar às atividades independentes, às atividades em grupo e às navegações pelo AVA. A iniciativa de questionar constantemente também é uma forma eficaz de participação. Assim, você exige que a instituição efetive a sua "presença social" em sua vida, e docentes, orientadores acadêmicos e a própria instituição passam a fazer parte de sua nova "família". Você se transforma em um participante ativo de uma tribo digital do mundo globalizado.

Entre essas "tribos", podemos citar as comunidades de prática (CoPs), criadas em muitas iniciativas de cursos ofertados nos ambientes enriquecidos com a tecnologia digital, seja espontaneamente, seja por incentivo das instituições e dos participantes. Elas podem prestar um serviço inestimável aos alunos. Além de participar dessas comunidades, você deve, se possível, compartilhar nas redes sociais privadas, públicas, de entretenimento ou profissionais as esperanças e os resultados que está obtendo em seus cursos.

Para que você tenha noção da importância dessas redes sociais para seu aprendizado, lembre-se dos diversos acontecimentos sociais em que a influência dessas estruturas sociais digitais foi decisiva para a obtenção de benefícios sociais de grande repercussão, como no caso dos "rolezinhos" (passeio ou volta) nos *shoppings* de diversas cidades. É possível utilizar todo esse potencial em benefício de atividades educacionais; você perceberá que incluir pessoas que fazem parte dessas comunidades virtuais pode ser algo de inestimável valor em seu processo de ensino e aprendizagem. Em recente entrevista, Pretto (2013) enfatiza a importância das redes sociais na educação quando destaca a função de emancipação social e, de forma consequente, de educação para a cidadania que caracteriza essas comunidades.

Etienne Wenger, citado por Takimoto (2012), afirma que se pode considerar a comunidade de prática "um grupo de indivíduos que se reúnem periodicamente, por possuírem um interesse comum [...] no aprendizado e na aplicação do que foi aprendido". No entanto, o conceito vai muito além disso, como bem afirma Takimoto (2012) em sua proposta, pois uma comunidade de prática nasce de uma paixão, do desejo de pessoas que realmente querem aprender, não por obrigação, mas por prazer.

Concordam com o autor aqueles que pontuam que o sucesso da aprendizagem e das melhores práticas geradas nas CoP chama a atenção tanto do mundo acadêmico quanto do organizacional. Nas grandes turmas formadas pelos alunos do curso de Pedagogia, oferecido pelo Centro Universitário Uninter, observou-se que essas comunidades eram abertas e contavam com a participação de familiares e amigos, fato que resultava positivamente no processo de ensino e aprendizagem dos estudantes.

Nesses sítios virtuais, a liberdade de participação elimina qualquer resquício de reserva ou inibição que as pessoas possam ter de esclarecer dúvidas que pareçam simples para outras. Esse sentimento é eliminado ou diminuído a um nível que permite a alguns alunos com dificuldades de relacionamento interagir para aprender. Por outro lado, alguns poucos alunos com menor aproveitamento têm suas dificuldades centradas na falta de confiança em relacionamentos sem rosto. É importante enfatizar, entretanto, que eles são necessários para o estabelecimento de contato entre os envolvidos e para a consolidação de relações mais próximas.

Se você tem interesse no assunto referente às comunidades de prática, leia o artigo indicado a seguir.
TAKIMOTO, T. Afinal, o que é uma comunidade de prática? 22 abr. 2012.
  Disponível em: <http://www.sbgc.org.br/sbgc/blog/afinal-que-e-uma-comunidade-pratica>. Acesso em: 27 jun. 2013.

Após a criação e a ativação das redes, uma sensível melhoria pode ser observada no desenvolvimento de diversos cursos de EaD ofertados em várias áreas. Existem casos de alunos que permaneceram em cursos de EaD somente em razão do suporte e do apoio que receberam nas CoPs criadas. É importante lembrar que essas comunidades não reúnem todos os participantes de um curso. No entorno do ambiente virtual criado, são desenvolvidas diversas comunidades menores que reúnem pessoas que, além do interesse por assuntos em comum, revelam uma afinidade que acaba por se transformar em amizade. Esse talvez seja o grande apelo das CoPs.

É importante que os contatos do aluno com o AVA aconteçam de forma regular, independentemente de onde sejam feitos. É possível identificar, por meio dos questionamentos realizados pelos alunos, possíveis dificuldades que eles estejam tendo e que, em condições normais, poderiam não ser facilmente detectadas. Além de aproximar o aluno da instituição, dos docentes e das redes sociais, essas comunidades transformam o estudante em um solucionador de problemas, um profissional cujas habilidades e competências estão estreitamente relacionadas com a sociedade do conhecimento. Esse fato é consequência direta da formação espontânea de grupos de cooperação, que enfrentam problemas diários que acabam resolvidos por uma ação conjunta. A interação constante do aluno com essas comunidades virtuais acaba por torná-lo capaz de enfrentar situações novas e, caso não tenha sucesso em resolver o problema por si só, de procurar apoio em seu grupo, qualidade que se transfere para o ambiente de aprendizagem.

Os profissionais do conhecimento buscados pelas organizações do mercado contemporâneo devem apresentar elevada capacidade para solução de problemas e adaptação a um mercado em constante mutação. Quando um profissional questiona tudo o que acontece à sua volta, de forma construtiva e com a intenção de adquirir conhecimentos que lhe permitam alterar situações que consideram insatisfatórias, forma-se um elemento produtivo e proativo em seu ambiente profissional.

Independentemente do ambiente de atuação (presencial ou no ambiente virtual), durante as avaliações desenvolvidas junto com projetistas instrucionais, docentes e tutores sobre os resultados dos cursos, foi possível observar que alunos dos ambientes enriquecidos com tecnologia digital, os quais apresentavam esse perfil questionador, normalmente se colocavam entre os melhores alunos das turmas das quais faziam parte. Portanto, essa é uma característica que esperamos que você incorpore às suas competências, pois ela só trará benefícios, seja na sua vida pessoal e profissional, seja em sua vida acadêmica, na solução dos trabalhos que lhe serão propostos nos cursos de EaD.

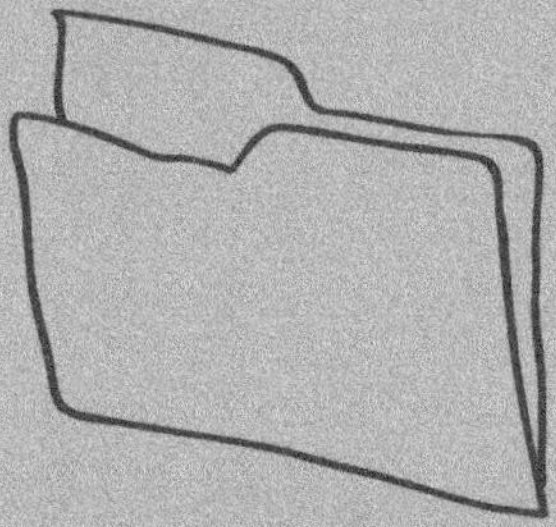

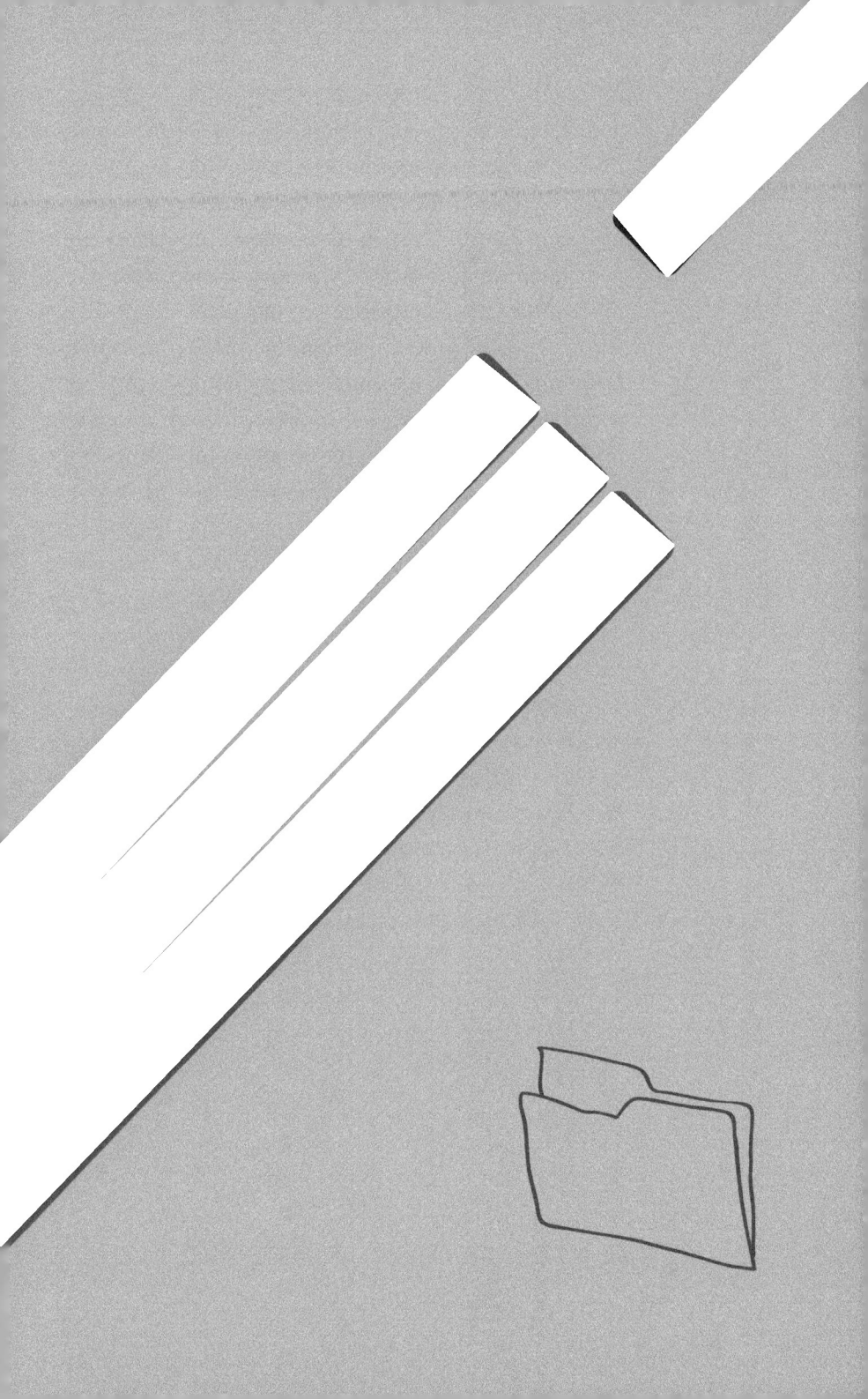

A capacidade de concentração do aluno pode ser definida como um dos principais aspectos necessários à aprendizagem em ambientes enriquecidos por tecnologia digital e como algo tão importante quanto o elemento *questionamento*, discutido no capítulo anterior. De nada adianta o aluno persistir e manter um nível de acesso equilibrado ao ambiente virtual de aprendizagem (AVA) se não conseguir se concentrar. Sem esse exercício, o estudante tende naturalmente à dispersão de esforços e à navegação extensiva, fatores que interferem nos resultados do aluno e que, consequentemente, podem provocar sobrecarga cognitiva e eventual estresse que o indivíduo experimenta por não conseguir obter os resultados desejados.

Quando do levantamento dos dados que viriam a resultar na obra que você tem em mãos, o comportamento dos alunos durante o desenvolvimento das atividades que efetuavam no ambiente em rede era cuidadosamente observado. Quando se tratava de um potencial candidato a ser classificado como uma pessoa com dificuldades de aprendizagem, ele era imediatamente alvo de uma observação mais especializada. Alguns alunos acompanhados mais de perto revelaram, quando chegaram ao fim do curso, que os cuidados dos orientadores acadêmicos relacionados à manutenção do foco e da concentração foram considerados fatores influentes para a conclusão do percurso previsto.

> Antes de você dar continuidade aos seus estudos e observar algumas recomendações para a manutenção da concentração nos AVAs, desenvolva uma atividade de meditação – procure se concentrar em algum ponto, em algo fixo que permita a seu pensamento ter apenas um foco de atenção. Em seguida, avalie se houve alguma dificuldade na execução do exercício e se ela foi ou não superada. Registre o resultado de seu trabalho em um diário de bordo.

A premissa de partida para que esforços fossem desenvolvidos nesse sentido foi de que, se conseguissem desenvolver a capacidade de concentração, os alunos acabariam por prolongar sua permanência nos estudos. A primeira consequência direta desse trabalho é a melhoria do desempenho do estudante nas atividades desenvolvidas no AVA, onde as possibilidades de distração são maiores quando em comparação com o estudo isolado em um ambiente particular. A obtenção de benefícios para a atividade de aprendizagem é uma premissa corroborada por diversos pesquisadores de diferentes áreas (Sasaki, 2009; Miranda, 2013; Arruda, 2012, entre outros). São trabalhos que destacam a importância da manutenção da mente concentrada em atividades como os esportes, a meditação e tarefas de trabalho.

O primeiro ponto a ser colocado em foco e discutido entre os professores dos cursos de Pedagogia oferecidos pelo Centro Universitário Uninter foi responder à seguinte questão: por que alguns alunos não conseguem manter a concentração no AVA? O resultado das pesquisas pode surpreender os menos avisados. A falta de concentração se deve à falta de compreensão do aluno sobre o que faz e por que o faz. A surpresa está no fato de que é transportado para o ambiente virtual o mesmo sentimento que o estudante tem nos ambientes presenciais tradicionais, o que indica que poucos alunos aderem a esses ambientes com a plena consciência de que lhes será exigida uma participação ativa e a orientação para a aprendizagem independente.

O fator que mais colabora para a ocorrência desse problema é a falta crônica de metadados[1], ou seja, explicações sobre a forma de utilização dos conteúdos e desenvolvimento das atividades. Essa é uma falha que precisa ser superada em muitos portais educacionais, criados com auxílio de sistemas de gerenciamento de conteúdo e aprendizagem.

Observou-se que esse aspecto provocava nos alunos certa incompreensão sobre seu papel, o que resultava em falta de concentração. A solução para o problema foi dividida em duas etapas: a primeira referente a ajustes no AVA, por meio da implantação de materiais voltados para a informação detalhada de todas as atividades, medida que colaborou para superar o problema inicial de comunicação; e a segunda referente a uma proposta de conscientização dos alunos sobre que medidas eles poderiam tomar para aumentar a capacidade de concentração.

Apesar de a sugestão ter partido dos docentes especialistas e orientadores acadêmicos, ela não teria sucesso sem a participação dos alunos. Nesse caso, a resposta foi positiva em todos os aspectos. A sugestão é orientar um comportamento que leve o aluno de dado curso oferecido no AVA a tomar as seguintes atitudes:

- Forçar a repetição dos assuntos não compreendidos em sua totalidade antes de iniciar a execução de qualquer procedimento.
- Escalonar o grau de dificuldade das tarefas que lhe foram propostas. Sugerimos que você utilize mapas mentais ou mapas conceituais na solução de um problema, o que permite a divisão de um conteúdo de difícil compreensão em partes menores, de modo que a aprendizagem aconteça do assunto mais simples para o mais complexo. É a mesma abordagem utilizada no desenvolvimento dos objetos de aprendizagem.
- Relacionar todas as atividades de forma direta com situações da vida pessoal e da profissional do aluno e aplicar construtos teóricos.

---

[1] Os metadados, necessários e comuns aos ambientes enriquecidos com tecnologia digital, onde é comum o contato virtual, são conjuntos de informações referentes ao esclarecimento do significado de outros dados ou de atividades a serem desenvolvidas. É um tipo de auxílio inserido de forma linear no texto ou em *links* que direcionam os alunos para outras localidades.

- Exigir que cada processo tivesse seus objetivos definidos de forma clara e fornecer ferramentas para que fossem atingidos. Esse é um direito muitas vezes não exercido pelos alunos. Cada estudante, quando foi incentivado a exigir uma justificativa para os processos, teve melhoria em seu desempenho. Essa é uma razão mais que suficiente para que a estrutura tutorial seja acionada para prestar auxílio.
- Compreender que a tendência à falta de concentração é resultado da própria inércia. Isso pode dar ao aluno a certeza de que, se forem empregados esforços para vencer os obstáculos, ele poderá ser bem sucedido. Essa postura elimina uma sensação, muitas vezes observada no AVA, que leva os estudantes a se considerarem incapazes de superar as dificuldades. Há uma afirmativa a ser superada: "Nunca conseguirei resolver tal tarefa".

Todas essas medidas representam para o aluno o exercício de seus direitos no AVA. No entanto, do mesmo modo que você pode exigi-los, você deve, em contrapartida, cumprir alguns deveres, entre os quais citamos o de não fugir da responsabilidade de desenvolver a concentração necessária para executar de forma satisfatória todas as suas atividades.

Atividade independente

Procure *links* na internet que tratem dos benefícios que a concentração pode trazer para o seu processo de ensino e aprendizagem, independentemente do ambiente em que ele é desenvolvido. Coloque o assunto em discussão em sua CoP e nas redes sociais. Anote os resultados de seu trabalho em seu diário de bordo.

O último cuidado que você deve tomar com relação à concentração consiste em evitar a utilização em excesso da tecnologia digital; do contrário, sua dedicação além do esperado a esse recurso pode atrapalhar seu trabalho. A utilização da tecnologia digital é um meio e, quanto mais sua utilização for balanceada com outros meios, mais você poderá dedicar tempo e se concentrar em seus estudos. Caso não seja viável, em sua condição financeira atual, acompanhar essas transformações tecnológicas, isso indica um possível problema. É normal que alguns alunos nessa situação apresentem rendimento inferior àquele que poderiam apresentar. Por isso, é importante que, para sua comunicação com o ambiente, você procure dispor dos recursos requisitados para um processo de ensino-aprendizagem adequado. Observamos várias vezes alunos desistirem do curso durante seu desenvolvimento em função de inadequação tecnológica ao ambiente.

Na realidade, essa inadequação é um problema de caráter social, impossível de se contornar sem intervenção financeira. De acordo com Habermas (citado por Cancian, 2008), a esfera pública atua como mediadora entre a sociedade e o Estado. Portanto, se fosse interesse deste último resolver a questão da falta de acesso às novas tecnologias de ensino por parte dos alunos, como parte de direitos que devem ser garantidos a todos os cidadãos, essa mazela do campo educacional já teria sido eliminada ou, pelo menos, mitigada.

Em relação às muitas definições de desempenho, uma das possíveis afirma que o cumprimento de uma obrigação ou promessa é rendimento total que, juntamente com a facilidade de utilização, constitui um dos principais fatores determinantes da produtividade. No intuito de contribuir para o bom desempenho dos alunos, as instituições de ensino normalmente contam com os seguintes aparatos:

- formas eficazes de receber e enviar trabalhos;
- locais seguros para armazenagem de suas informações;
- segurança dos dados armazenados no ambiente;
- confiabilidade das informações inseridas no ambiente virtual de aprendizagem (AVA);
- uma forma de comunicação eficiente na modalidade muitos-para-muitos.

De todos esses aspectos, o destaque e o privilégio no ambiente são dados para a efetivação da comunicação entre todos os participantes. Nos cursos oferecidos pelo Centro Universitário Uninter, foi possível observar que, apesar de todo esse acervo tecnológico, a dinâmica da educação a distância não funciona do modo esperado sem a participação do aluno e o desempenho de todos os demais participantes da estrutura (instituição, atendimento ao aluno, docentes e orientadores acadêmicos).

Esse fato apenas confirma que a tecnologia digital, por si só, não é capaz de aumentar a qualidade nos AVAs. O que ela pode fazer, e faz, é oferecer condições para que tanto os professores como os alunos tenham todo um ferramental disponível a fim de que o processo de ensino-aprendizagem seja desenvolvido com maior qualidade, ou seja, para que estudantes e corpo docente possam trabalhar com o máximo de desempenho possível.

Assim, você deve ter em mente os elementos necessários para o seu bom desempenho no ambiente de aprendizagem:

- participar assiduamente no AVA;
- exigir que a instituição forneça recursos e que a infraestrutura administrativa, além dos docentes, apresente uma atuação intensiva.

Se você observar qualquer desvio em algum desses elementos por parte da instituição, não esmoreça. É seu direito exigir que condições sejam dadas com o intuito de que todos os participantes alcancem um alto nível de participação.

Caso observe que seu aproveitamento é deficiente, apesar da existência de recursos e de infraestrutura adequada de pessoal, é possível que você esteja com algum problema, sem qualquer relação com a sua ação e prática docentes, o qual se localize na insuficiência da infraestrutura tecnológica de que você dispõe para efetuar os acessos.

Se esse for o caso, um dos primeiros passos é verificar se os seus recursos estão à altura do que a instituição colocou à sua disposição e, se necessário e possível, adequar-se às atualizações tecnológicas do ambiente.

Superado esse primeiro problema, você deve se conscientizar da necessidade de persistir no ambiente e de ter a concentração necessária para acompanhar todas as atividades do curso. Esses aspectos estão relacionados à funcionalidade da estrutura e ao desempenho do aluno.

Qualquer problema na funcionalidade da estrutura deve ser imediatamente comunicado, e a comunidade deve agir no sentido de superá-lo. Em geral, as solicitações dos alunos no caso de falta de recursos são procedentes, mesmo diante de vários argumentos utilizados por instituições de ensino. É uma situação que somente pode ser aceita se for noticiada a inexistência de algum aparato tecnológico que poderia auxiliar na melhoria de desempenho dos participantes. Outra possibilidade consiste em a instituição afirmar que o aluno não apresenta capacidade de manipular as tecnologias inseridas no AVA – é o caso típico de argumentar que quem não tem competência não se estabelece. Qualquer problema que interfira no desempenho do aluno é passível de cobrança e correção imediatas.

Observe que o desempenho é de responsabilidade sua para com você mesmo. No caso de baixo desempenho, é importante que você procure identificar possíveis razões para o problema, tais como:

- problemas pontuais de sobrecarga laboral ou emocional ocasionados por problemas de sua vida pessoal;
- falhas de comunicação advindas do sistema de acompanhamento ao aluno.

Identificar o motivo pelo qual você não obteve aproveitamento total ou, ao menos, um desempenho satisfatório pode evitar a repetição do fato. É importante enfatizar que o desempenho, tal como o entendemos nesta obra, não equivale ao conceito de tirar boas notas e passar em avaliações, mas está relacionado a uma série de atitudes e comportamentos exigidos a fim de que você tenha sucesso em suas iniciativas de estudo nos ambientes enriquecidos com a tecnologia digital. Como vimos anteriormente, uma das questões que mais interferem em seu desempenho são aquelas referentes à timidez, à introspecção e à insegurança nos ambientes presenciais. Lembre-se de que você está agora no AVA e que nele as condutas são diferentes.

Durante o levantamento efetuado nos cursos de Pedagogia do Centro Universitário Uninter, foi possível observar uma característica interessante. Há uma resistência quando se coloca a necessidade de os docentes desempenharem seu papel de forma diferenciada na educação de uma geração digital. Observe seu comportamento e registre possíveis razões para que tal atitude seja comum entre os futuros professores.

Outro aspecto que pode lhe causar problemas se refere ao medo do fracasso, que pode influenciar de forma decisiva em seu desempenho. Normalmente, algumas técnicas que o estimulam a aprender com o erro são disponibilizadas nos ambientes enriquecidos com a tecnologia digital. É importante destacar que esse problema atinge a maioria dos alunos de cursos em EaD e é possível que você tenha enfrentado esse problema em algum momento de seu percurso escolar. Se é esse o caso, o momento é de superação, pois falhas de desempenho no AVA podem influenciar o comportamento de outros alunos e, caso faça parte de um grupo, você pode prejudicar o desenvolvimento de outros componentes.

Artigo de opinião

Neste ponto do texto, convidamos você a expor o seu posicionamento em relação ao seguinte tema: você já se sentiu alguma vez coagido a não participar das discussões em sala de aula? E no ambiente virtual? Tente transformar seu trabalho em um artigo de opinião. Na vida acadêmica e na profissional, você será instado a escrever, detalhar e justificar seus pensamentos. Nada melhor do que começar agora!

As questões de desempenho chamam à tona outros aspectos que devem ser considerados. A questão de motivação segue-se imediatamente como necessidade para que o aluno esteja engajado no ambiente e na proposta de desenvolver um processo que permitam a ele se tornar um aluno eficaz.

Blogs

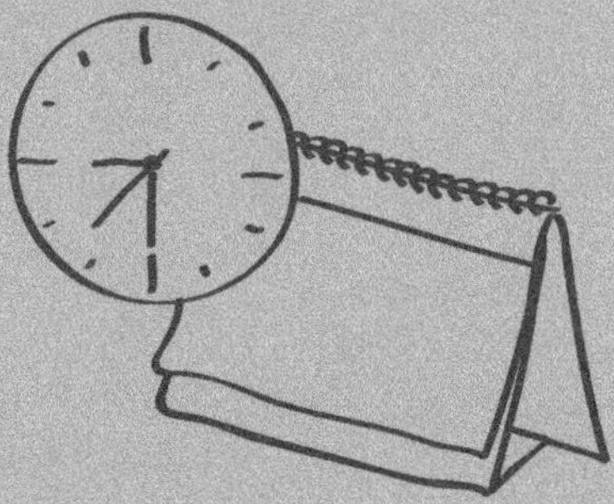

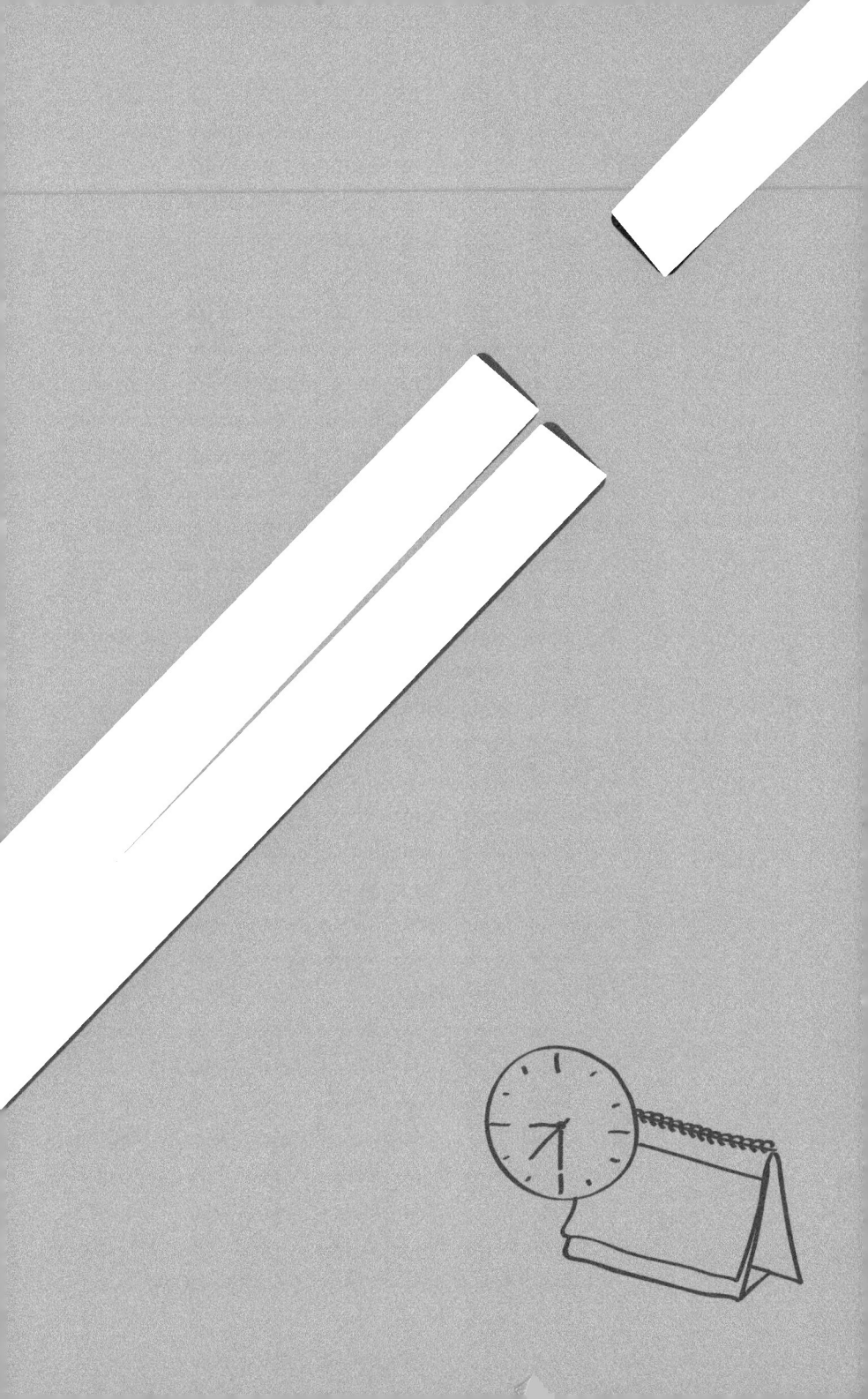

Não importa: se você não estiver motivado, nada vai conseguir. Utilizará uma série de desculpas para justificar sua falta de participação nas atividades do ambiente virtual de aprendizagem (AVA). Desse modo, essa ausência de motivação pode e deve ser combatida.

Há duas possibilidades de atitudes saneadoras; a primeira é o incentivo por meio de medidas tomadas pela instituição de ensino, que são importantes, mas não o principal objeto de estudo no momento. A segunda possibilidade, que realmente nos importa neste ponto do texto, diz respeito às questões de automotivação. O que você pode fazer para se automotivar a participar de todas as atividades? Esse é o questionamento que nos interessa responder. Destacamos o fator de automotivação por ele ser importante não só para o aluno, mas também para a instituição de ensino. O aluno consegue superar obstáculos de aprendizagem e a instituição consegue manter o ponto de equilíbrio de seus cursos.

Os estudos de Lehman e Conceição (2013) sobre o tema tornam possível constatar que o aumento de inscrições em cursos *on-line* ocorre em função da automotivação. O efeito pode ser considerado a maneira mais eficiente de suprir as deficiências de interação social que, em algumas iniciativas, ainda está ausente por falta de medidas dos gestores do ambiente. Como regra geral, sempre que há automotivação por parte do estudante, há uma resposta favorável que o move a atingir os objetivos propostos em determinadas atividades.

As atividades, você já sabe quais são: trata-se de atividades independentes, que demandam de sua parte uma capacidade de determinar a forma de estudo dos conteúdos e o caminho a ser desenvolvido para a obtenção do objetivo proposto. Existem também as atividades desenvolvidas em grupo, em que o ambiente de motivação é mais forte, já que seus componentes constantemente incentivam uns aos outros. Além das atividades independentes, você deve se responsabilizar por seu processo de autoavaliação e, na sequência, pelas avaliações – formativa e somativa – comuns nos ambientes virtuais.

Tendo esse panorama em vista, é preciso que você esteja motivado para desenvolver todas essas tarefas com a máxima qualidade.

O trabalho motivacional, por ser influenciado por diversos fatores que podem estar ou não inter-relacionados com a motivação, revela-se mais complexo quando se trata diretamente de questões referentes à psicologia da motivação. Esses questionamentos passam a ser quase que um corpo a corpo entre orientadores acadêmicos e alunos. As medidas tomadas pelos docentes no sentido de motivar o aluno somente surtem efeito se ele estiver interessado. Por outro lado, é possível que o aluno esteja interessado, mas não haja por parte dos docentes condições para que a motivação surja. É somente quando ambos os lados estão interessados que resultados podem aparecer e influenciar o desempenho dos participantes. Não há uma regra de funcionamento geral que, quando aplicada, resolva problemas referentes a esse tema.

Farrel (2008) considera que a prática pedagógica motivadora por si só não é suficiente para solucionar essa crise de relacionamento. É necessário que o aluno assuma parcela de responsabilidade por sua desmotivação e desenvolva medidas que a mitiguem. Trata-se de mais uma atribuição dividida com o estudante, que, cada vez mais, é chamado a participar em todas as instâncias da aprendizagem.

O tema da motivação foi objeto de seminário interno promovido pelo Centro Universitário Uninter e de uma pesquisa na comunidade de prática (CoP) criada para os cursos de Pedagogia oferecidos pela instituição. O resultado das enquetes realizadas com os professores dos cursos não originou dados relevantes. Foi da observação da prática desenvolvida por alunos com bom aproveitamento e relacionamento satisfatório com os participantes do ambiente que vieram as respostas mais consistentes.

Huertas (1997) faz parte da linha de pensamento que considera a motivação como um processo de reconstrução cognitiva e sugere a montagem de um guia motivacional a ser seguido pelos alunos. Tapia (2011), por sua vez, considera que é necessária uma formação unilateral do aluno a fim de ele poder se desincumbir de suas tarefas com elevado nível de motivação. Ambos são pesquisadores provenientes da área de psicologia da Universidade de Madrid e estendem seus interesses ao campo da educação, dirigindo seus trabalhos especificamente à figura do aluno.

Esses pesquisadores contrariam o pensamento ainda corrente nos meios educacionais de que a motivação surge de elementos externos ao sujeito (motivação extrínseca), ideia superada e substituída pela teoria de que a motivação é condicionada por fatores internos (intrínsecos), fato que dificulta ações da instituição de ensino e do docente no sentido de auxiliar o aluno desmotivado. Embora não seja possível ignorar os motivos externos considerados efeitos do ambiente, eles não podem mais ser tratados como razão única pela presença ou ausência de motivação.

Assim, os pesquisadores citados consideram que, para entender o fenômeno da motivação, é necessário reconhecer o indivíduo como ser dotado de características e subjetividades próprias que são construídas durante toda a vida de uma pessoa, e não somente nos bancos escolares.

A motivação pode ser vista como um processo que precede a ação humana e que orienta a forma com que o aluno encara determinada tarefa (Huertas, 1997). No campo educacional, um elemento essencial é a vontade do aluno de querer aprender. Esse é o aspecto que provoca a carga emocional necessária para que a motivação se faça presente.

Neste ponto do texto, é importante recuperarmos uma das discussões da obra *O estudo em ambiente virtual de aprendizagem: um guia prático* (Munhoz, 2012): a aprendizagem só é de fato significativa se suscitar no aluno uma consciência crítica a respeito de sua(s) realidade(s).

Diante disso, o que você, aluno, pode fazer para se motivar? Primeiramente, determinar conteúdos de acordo com suas necessidades. A utilidade do conhecimento, bem como a possibilidade deste de atender às suas necessidades sociais, também pode servir como um elemento norteador de seu planejamento de ensino. A escolha de conteúdos e a forma como a atividade de aprendizagem será desenvolvida assume papel significante na obtenção de sua motivação. Essas decisões são importantes, pois, à medida que motiva a si mesmo, você se torna cada vez mais capaz de controlar suas ações e adquire maior senso de responsabilidade (Huertas, 1997; Tapia, 2011).

Santos, Antunes e Bernardi (2008) consideram que a motivação está relacionada a uma meta objetiva, além de representar algo agradável para o sujeito. As metas podem ser cognitivas, afetivas, de relações pessoais e de organização subjetiva. Todas essas considerações são provenientes do campo da psicologia. Elas estão sendo aplicadas com êxito no campo educacional em investigações que visam descobrir como a falta de motivação se instala e como é possível alterar esse panorama e mudar a forma como o aluno encara suas tarefas.

No que se refere aos aspectos psicológicos do processo de ensino-aprendizagem no AVA, um dado demonstra ser relevante; ao receber o incentivo e a assistência de seus orientadores acadêmicos, alunos desestimulados observaram progressos em atividades. Essa situação corrobora o posicionamento de Costa Neto (2012) a respeito: o autor destaca a função da orientação acadêmica como a mais importante no ambiente de aprendizagem, em virtude de seu contato direto com o aluno e a possibilidade de alterar a proposta de ensino originalmente estabelecida pelos docentes especialistas. Por isso, é importante que você sempre esteja próximo de seu orientador acadêmico, estabelecendo com o profissional um diálogo constante que o mantenha motivado para suas atividades.

Outra proposta que obtém bons resultados, ao menos em iniciativas pontuais, é a proposição de desafios para o desenvolvimento de uma atividade. Eles podem ser colocados tanto pelo docente quanto pelo próprio aluno. Não importa de quem parte a proposta e a iniciativa, pois a eficiência é similar e a durabilidade da motivação é limitada pela própria duração da tarefa. Assim, se você se sentir desmotivado para o desenvolvimento de alguma tarefa, procure propor algum desafio a si mesmo; quando superá-lo, você certamente sentirá uma grande satisfação.

Além da colocação de um desafio, é possível fazer algo mais simples a ser incorporado em sua cultura. Antes de desenvolver qualquer atividade, procure responder às seguintes questões[1] para você mesmo:

---

1   Adaptadas e traduzidas de programas de aprendizagem alternativa propostos para escolas de ensino fundamental e ensino médio de nosso sistema brasileiro de ensino. Disponível em: <http://www.alternativelearningplace.com>.

- Qual é a utilidade da atividade que vou desenvolver?
- Qual é a relação que a proposta tem com a minha vida pessoal e a profissional?
- Como posso organizar a tarefa (planejamento, identificação e numeração das tarefas envolvidas)?
- Quais as formas de ser criativo na solução de sua tarefa?

Se você adotar essa linha de ação e procurar localizar justificativas positivas para a execução de suas atividades, dificilmente terá momentos de recaída. Caso eles venham a ocorrer novamente, apoie-se nas recomendações apresentadas neste capítulo.

Como você reage quando percebe uma queda em sua motivação para o desenvolvimento de tarefas propostas? Compare sua resposta com o texto deste capítulo e, se considerar necessário, busque novas informações sobre questões de motivação.

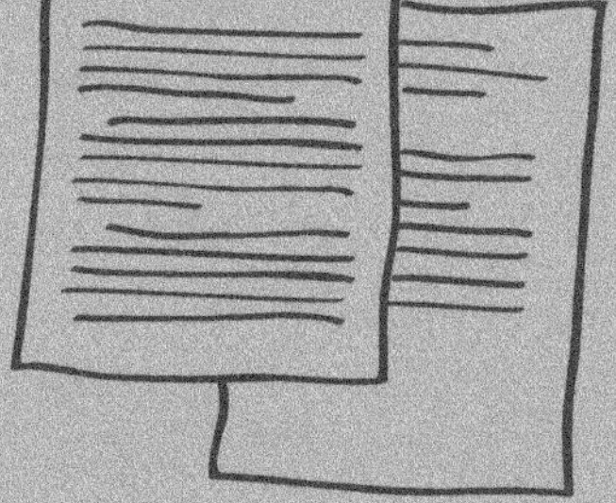

Você sabe o que é um objetivo? Se sua resposta for positiva, salte para o próximo parágrafo. Se for negativa, segue a definição: *objetivo* representa aquilo que se pretende alcançar quando se realiza uma ação ou um propósito.

Se você alguma vez achou estranho que, no ambiente virtual de aprendizagem (AVA), cada passo significava um novo objetivo que, quando atingido, era visto como uma avaliação, acreditamos que você agora entende a razão: para que um objetivo seja atingido de forma completa, algum tipo de organização é necessária a fim de que a obtenção de algum resultado não se torne obra do acaso.

O que você pode fazer para obter sucesso? Em primeiro lugar, compreender o objetivo colocado. Qualquer dúvida que você tenha deve pressupor a interrupção dos passos que escolheu, de modo que você procure meios para que o questionamento seja esclarecido e dê início a alguma coisa sabendo exatamente do que se trata. Sem planejamento, as atividades acontecem apenas por acaso, mesmo que você tenha êxito. César (2010) enfatiza o planejamento como recurso indispensável para a definição de qualquer estratégia e para o desenvolvimento de qualquer trabalho.

Assim, sugerimos que desenvolva os planejamentos apresentados a seguir. Mas não se preocupe: você não precisa ler nenhum manual de administração para tanto (César, 2010):

- planejamento tático;
- planejamento estratégico;
- planejamento operacional.

O planejamento tático leva à definição dos recursos necessários à solução do problema que lhe foi proposto. O planejamento estratégico se refere à formulação dos objetivos para seleção de planos de ação e para a execução destes. Enfim, o planejamento operacional define a forma como deve ser entregue o resultado dos esforços empregados.

Alunos que desenvolvem um planejamento mais cuidadoso de seu processo de aprendizagem geralmente apresentam melhores resultados. Se você adaptar as recomendações de César (2010) citadas a seguir como orientações para uma organização e aplicá-las à sua vivência no ambiente educacional, as chances de êxito nas atividades a serem realizadas no AVA serão muito maiores. São elas:

- identificar o recurso necessário para a solução do problema;
- enumerar as informações e as atividades necessárias;
- identificar a forma de apresentação dos resultados.

O conteúdo apresentado até este ponto do texto visa orientá-lo a flexibilidade de modo que você esteja aberto, a qualquer momento, a mudanças a serem efetivadas no planejamento em razão de condições particulares não analisadas que surgem durante o desenvolvimento da proposta de um curso. O ideal é que fosse possível desenvolver planos alternativos para situações de risco, mas essa não é a realidade no desenvolvimento de atividades educacionais.

Se optar por esse caminho em caso de problemas na área educacional, você preparará seu perfil profissional de forma mais segura e de modo a se tornar um profissional altamente qualificado, o que pode ser considerado uma grande vitória. O mercado corporativo apresenta inúmeras queixas sobre a forma como os egressos dos cursos superiores chegam ao mercado.

Faça uma análise isenta sobre seu comportamento em momentos em que você se vê obrigado a solucionar algum problema: como trabalha, como planeja suas ações e como entrega os seus resultados. Essa atividade é importante para você reconhecer suas deficiências ainda no período de formação. É mais fácil corrigir erros no período de educação formal ou durante algum processo de formação permanente e continuada.

Chiavenato (2007) aponta passos a serem seguidos no planejamento de uma situação educacional, na qual o aluno tem objetivos claros a atingir:

- sempre manter o foco;
- apresentar determinação;
- manter a motivação constante;
- desenvolver planejamentos detalhados;
- demonstrar organização no trabalho;
- desenvolver as atividades com disciplina.

Você pode observar que há uma similaridade entre as considerações de Chiavenato (2007) e o conteúdo exposto até esta altura do texto, o que confirma a veracidade das orientações que estão sendo apresentadas a fim de que você seja um aluno eficaz.

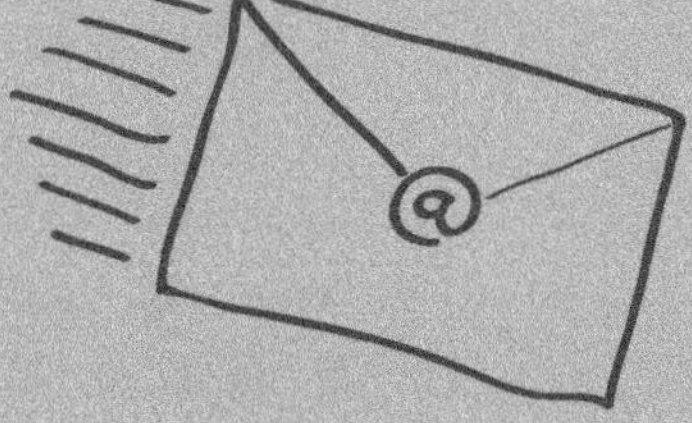

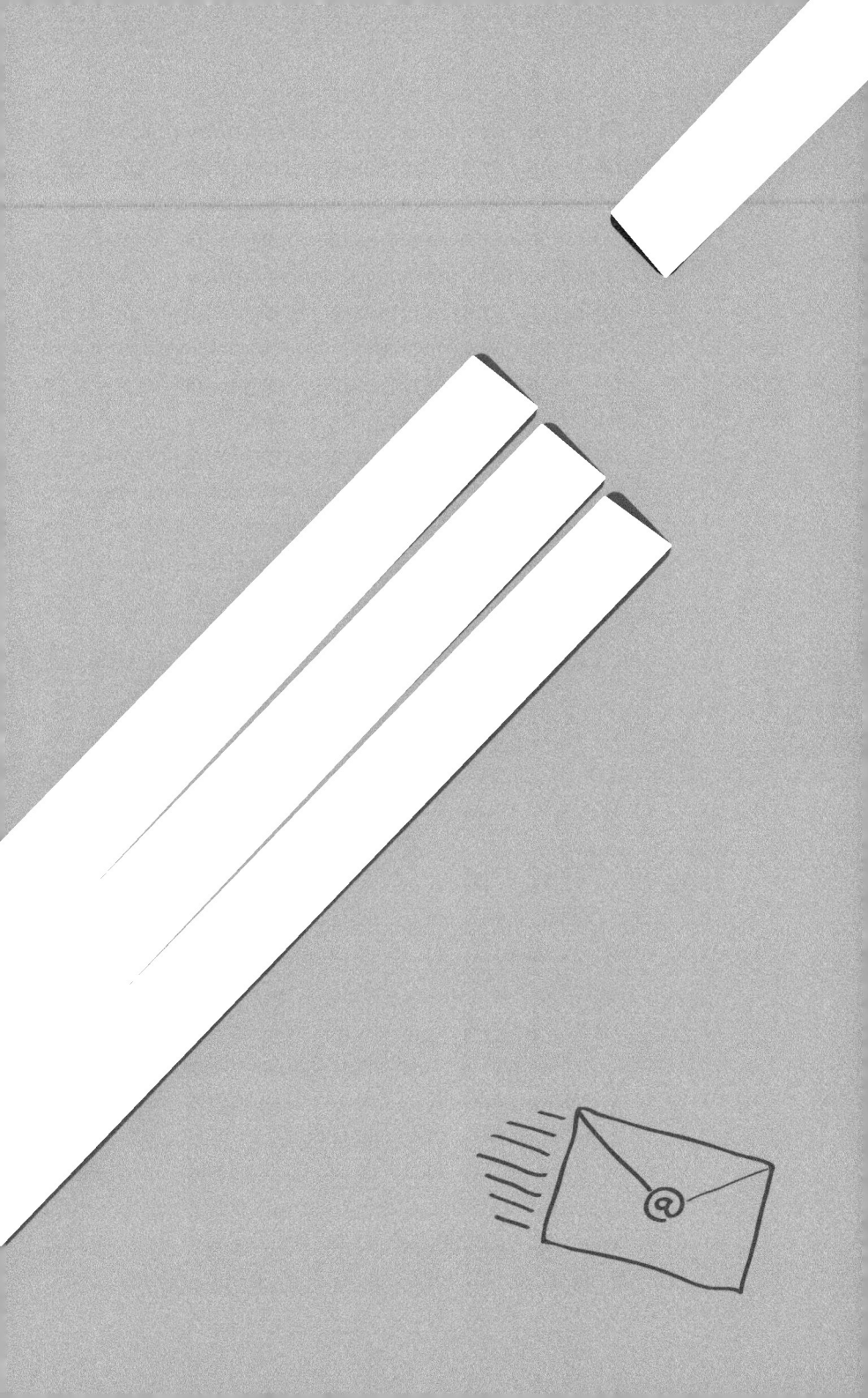

O que você entende por *estratégia*? Se souber responder a essa questão, salte para o próximo parágrafo. Se não, segue a conceituação do termo: a estratégia consiste na arte de aplicar com eficácia os recursos de que se dispõe ou de explorar as condições favoráveis de que porventura se desfrute, visando ao alcance de determinados objetivos. Portanto, a primeira coisa que você deve fazer para ser um aluno eficaz é estabelecer a estratégia a seguir para seu processo de estudo em ambientes de aprendizagem enriquecidos por tecnologia digital.

Aqui se repete a situação proposta em todos os capítulos deste material: os alunos que definiram uma estratégia clara a seguir e cumpriram à risca o que determinaram antes de iniciar as atividades no ambiente tiveram mais êxito nos cursos observados na pesquisa deste livro.

Compare o trabalho que você desenvolve com a proposição de um processo de aprendizagem fundamentado em estratégia a ser seguida durante a evolução de todo o seu plano de curso. É importante que você compare seu comportamento com o comportamento estratégico, considerado uma das "melhores práticas" no mercado corporativo.

É importante destacar que o oposto não é necessariamente válido. Há alunos que não dispõem uma estratégia claramente definida e, ainda assim, obtêm sucesso em sua iniciativa. Isso acontece em todos os campos do conhecimento humano e pode ser creditado ao acaso ou à genialidade que, muitas vezes, é capaz de superar a ausência de adoção de alguma estratégia. Ter uma estratégia ainda é o melhor caminho.

A determinação da estratégia a ser seguida está diretamente relacionada à existência de um ambiente de gerenciamento de conteúdo e aprendizagem. Ele pode ser verificado em praticamente todas as instituições de ensino superior, ainda mais nas que utilizam ambientes enriquecidos com a tecnologia digital. Assim, a lista a seguir pode ser seguida quase como um roteiro:

- procure conhecer com detalhes o que o sistema de gerenciamento de conteúdo e aprendizagem oferece em termos de tecnologia digital;
- analise, de forma isolada, cada uma das ferramentas a serem utilizadas;
- estabeleça uma rotina a ser cumprida com o maior rigor possível;
- desenvolva todas as atividades propostas sem exceção, mesmo aquelas propostas em caráter de sugestão;
- associe a comunidade de prática e as redes sociais ao seu passeio diário no ambiente;
- desenvolva com a máxima frequência atividades cooperativas; lembre-se de que há diferença entre cooperação (voluntária e sem coerção) e colaboração (proposta pelo sistema, com exigência de cumprimento de certas obrigações);
- ao considerar que as salas de aula virtuais e o *campus* virtual estão estabelecidos na rede, conheça com detalhes ferramentas complementares que não estejam disponíveis no *campus* virtual, pois trata-se de uma iniciativa que pode colaborar de forma decisiva para a sua formação.

Com essas medidas, você determina um caminho a seguir. Cabe um destaque isolado para a importância de cuidados especiais no desenvolvimento do trabalho em grupo. É importante levar em consideração aspectos de gestão de conflitos, utilização da inteligência emocional e respeito ao multiculturalismo, fatores que influem no desenvolvimento de atividades em grupo. Na obra *O estudo em ambiente virtual de aprendizagem: um guia prático* (Munhoz, 2012), você foi conscientizado da importância desses cuidados e dos resultados que podem ser obtidos por meio deles. Com os conhecimentos complementares que este material é capaz de lhe fornecer, é de se esperar que seu desempenho nos trabalhos coletivos seja premiado com benefícios e colabore de modo decisivo a fim de que você se torne um aluno eficaz.

Sua estratégia deve privilegiar seu livre-arbítrio na escolha de opções de desenvolvimento de suas atividades. Em outras palavras, é recomendável que você escolha livremente:

- os conteúdos a serem estudados e suas respectivas fontes;
- a estratégia a ser adotada para a solução de problemas;
- o local de estudo, que deve ser fixo e desimpedido nas horas agendadas para utilização;
- os horários de estudo mais convenientes de acordo com seu tempo livre após cumprimento de sua rotina diária.

Esses pontos são detalhados no primeiro livro, com recomendações referentes a cada uma dessas escolhas. Talvez você possa prescindir de todo esse planejamento. No entanto, não se esqueça de que os alunos com bom aproveitamento no ambiente seguem essas determinações na medida do possível. O importante é tomar essas decisões e segui-las, se possível, sem falhas.

Alunos "desleixados" com relação às rotinas sugeridas neste material costumam fazer parte de uma longa lista de desistências. A evasão nos ambientes enriquecidos com a tecnologia digital é uma realidade frequente em virtude da ausência de estratégia, planejamento, persistência, enfim, de todos os tópicos analisados neste livro. Reflita sobre essas colocações e tenha uma maior certeza da necessidade da persistência e da aplicação nas atividades propostas.

Blogs

Os alunos mais bem-sucedidos são aqueles que sabem utilizar com mais eficácia os recursos que lhe são oferecidos nos ambientes enriquecidos com tecnologia digital. Existem três tipos de recursos nesses ambientes:

1. Ferramentas disponibilizadas pelos sistemas gerenciadores no *campus* virtual e pela rede mundial de comunicações.
2. Recursos didáticos e pedagógicos representados pela utilização de teorias de aprendizagem e por um conjunto de ideias pedagógicas a serem aplicadas.
3. Recursos de interação com as comunidades sociais.

O conhecimento das funcionalidades de cada um desses elementos pode ser considerado um requisito sem o qual as atividades somente terão seus objetivos atingidos por obra do acaso. Pessoas que entram no AVA sem o conhecimento das rotinas mais comumente utilizadas acabam por se colocar à margem do processo e são eliminadas do ambiente por falta de diálogo com os demais participantes. Para que você obtenha maior produtividade, o uso dessas ferramentas deve ser extensivo no ambiente.

As ferramentas tecnológicas são representadas por um conjunto de pequenos programas que compõem o sistema de gerenciamento de conteúdo e aprendizagem do ambiente virtual de aprendizagem (AVA) para a oferta de cursos em diversas modalidades de ensino. Nesses ambientes, considera-se imprescindível a existência de ferramentas para:

- envio e recepção de materiais (*download* e *upload*);
- acesso a informações de calendário de desenvolvimento de atividades (agendamento eletrônico);
- comunicação multidirecional síncrona e assíncrona (fóruns, *chats*, videoconferências, sistemas de mensagem etc.);
- desenvolvimento de atividades *on-line*;
- divulgação pessoal (Twitter©, fórum, *blogs*, páginas na *web* etc.);
- apoio a processos de avaliação pessoal (*quizzes*, avaliações, simulações);
- ferramentas de avaliação do ambiente e de pessoal administrativo, docentes, orientadores (enquetes, formulários etc.);
- disponibilidade de audiovisuais (textos digitais, *podcasts*, *webcasts* etc.).

As estratégias didáticas e pedagógicas utilizadas com maior frequência nesses ambientes são:

- pedagogia diferenciada;
- aprendizagem independente;
- fundamentos psicológicos que envolvem o desenvolvimento de trabalhos em grupo;
- fundamentos de formas de aprendizado (aprender a aprender, aprender pela pesquisa etc.);
- orientações para a efetivação de formas de aprendizagem (aprendizagem significativa, aprendizagem baseada em problemas etc.);
- fundamentos sobre inteligências (inteligência competitiva, inteligência coletiva, inteligência emocional etc.);
- teorias de aprendizagem (teorias da cognição, teorias comportamentais, construcionismo etc.).

Com relação às comunidades e facilidades de comunicação, é possível comprovar a eficiência da utilização desses recursos como motivação para a participação dos alunos e de aumento do desempenho comprovado pelo elevado nível de interação social que ocorre nesses ambientes virtuais coletivos. Marinho e

Pessanha (2011) afirmam que as interações representam um pilar para a EaD contemporânea que movimenta as redes sociais e auxilia pessoas a serem mais eficientes em diversas situações educacionais.

Com base nessa comprovação, simples de se obter, que recomendação podemos fazer para você no que se refere à interação nas comunidades virtuais? Nada além de incentivar uma participação intensiva. Somado aos grupos criados no curso e à participação nas comunidades de prática, você terá um apoio pautado na cooperação e na discussão de soluções para problemas comuns.

Analise seu comportamento em relação à utilização dos recursos colocados à sua disposição no AVA. Procure verificar eventuais fatores de resistência e alguma falta de predisposição para o uso extensivo desses recursos. Debruce-se sobre esses aspectos e verifique o aumento de eficácia que pode obter com uma participação mais intensa no ambiente.

É muito comum a alegação de falta de tempo para justificar a ausência de utilização de recursos do AVA. O que ocorre na realidade de muitos alunos é a falta de planejamento. Quando o aluno está presente no ambiente, é possível organizar um conjunto de atividades que o auxiliam a utilizar com eficácia as ferramentas dos ambientes enriquecidos com tecnologia digital.

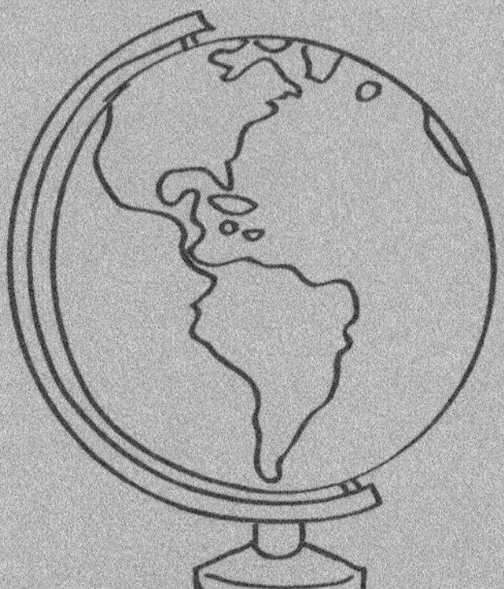

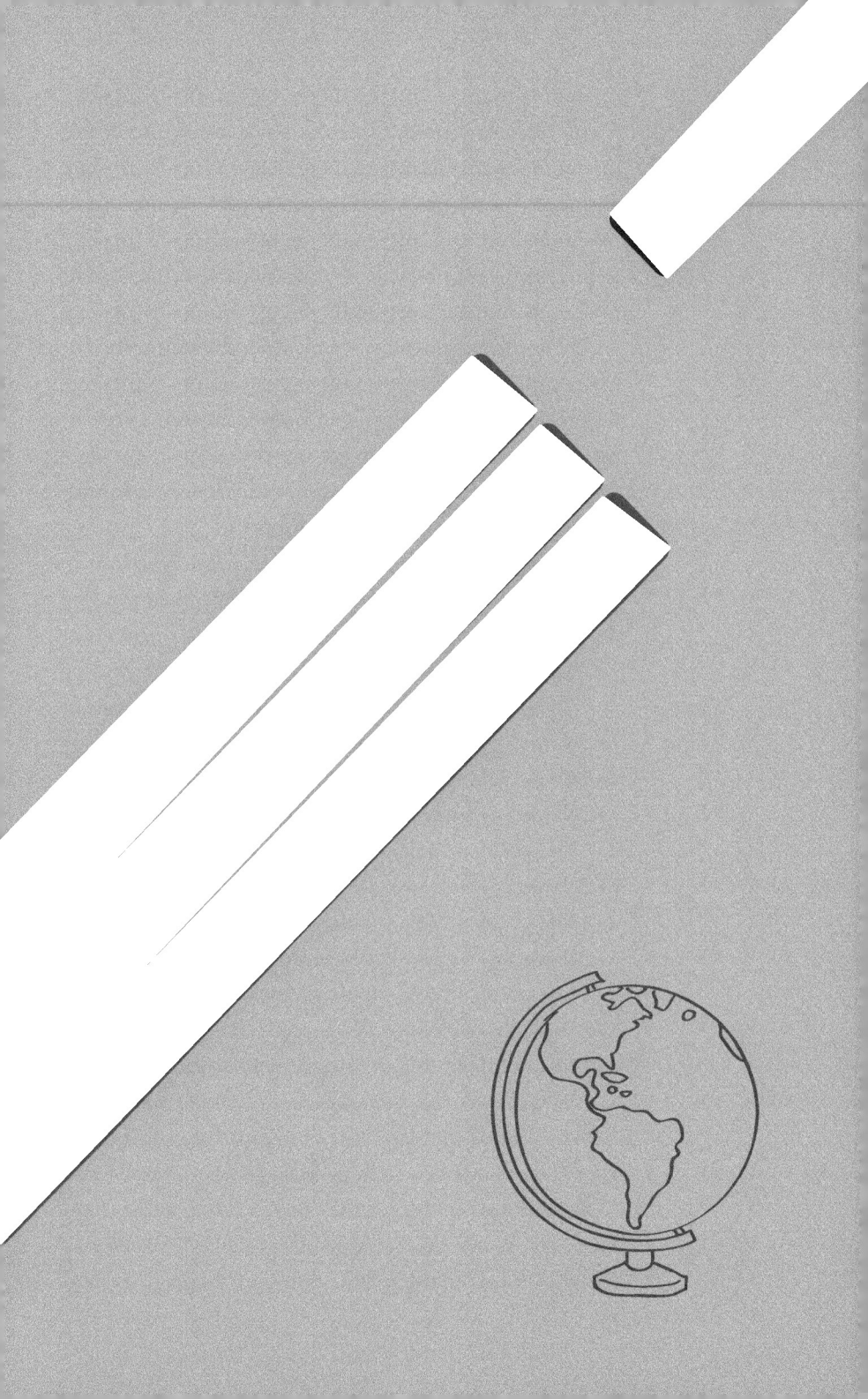

Em um passado não muito distante, as coisas eram muito diferentes. Em conversas informais com os alunos, é comum ouvir uma afirmação convergente: como era fácil viver há alguns anos (sem que fosse necessário avançar muito no passado). Era o tempo do emprego para toda a vida, da validade da formação formal como garantia de estabilidade, da fidelidade entre patrões e empregados.

De repente, as pessoas passaram da certeza à incerteza, fato que contribuiu em muito para que a imaginação de escritores de ficção desenhasse um mundo futuro totalmente diferente. O tempo das previsões enfraqueceu-se de forma acelerada: na atualidade, não se consegue mais antever nada além de um quinquênio, ainda assim com utilização de muita imaginação.

Certamente, seu pai ou algum conhecido de mais idade podia graduar-se e enfrentar um mercado de trabalho apenas se preocupando em utilizar em seu cotidiano profissional competências e habilidades que a vida acadêmica, desenvolvida nos bancos das universidades, proporcionou a ele. Elas valiam por muitos anos e renová-las não era iniciativa muito comum. Em algum ponto da caminhada da humanidade, sempre em direção a uma evolução questionável, as coisas mudaram drasticamente.

O mercado contemporâneo propõe para as pessoas desafios criados por uma competividade incessante e crescente. Esse ambiente é estressante e provoca grandes desgastes nos indivíduos. Além das competências e habilidades normais, as pessoas são exigidas a apresentar o que se convencionou denominar "competências e habilidades transversais", diversificadas em relação ao que tradicionalmente era exigido no perfil profissional. Na criação do conceito do profissional do conhecimento, Drucker (2001) afirma que uma formação diferenciada é fundamental. Em outras palavras, são exigidos comportamentos diferenciados do novo profissional.

Entretanto, o que interessa ao aluno em relação a esse assunto é saber em que consiste esse conjunto de habilidades transversais. Em primeira instância, trata-se de conhecimentos complementares ao conjunto de conhecimentos técnicos mínimos necessários para o desempenho da profissão com um mínimo de aproveitamento, que pode ser necessário, mas não se mostra suficiente para que o profissional apresente um diferencial competitivo de peso.

De acordo com Dolabela (2013), as competências e habilidades transversais são:

- capacidade de desenvolver e efetivar o *marketing* pessoal utilizando redes de relacionamento e redes sociais;
- flexibilidade no trato com toda a cadeia de valor da organização para a qual trabalha (fornecedores, clientes, colaboradores etc.);
- atitudes relacionadas à inteligência emocional e à gestão de conflitos;
- proatividade na realização de suas atribuições;
- boa comunicação oral e escrita;
- tolerância no tratamento com pessoas de diferentes níveis sociais e culturais;
- elevado nível de relacionamento interpessoal;
- capacidade de enfrentar a incerteza em sua prática profissional e antecipação de acontecimentos futuros;
- alto senso de planejamento;
- capacidade de gerenciamento de tempo;
- desenvolvimento da capacidade de liderança;
- desenvolvimento de espírito empreendedor;
- resiliência em todas as suas ações no interior da organização.

É uma lista que, a cada dia, apresenta uma nova exigência. Parece que esta é uma geração de super-homens, uma das grandes causas de estresse na sociedade contemporânea.

A despeito de a mídia apresentar constantemente uma grande massa de recém-formados que batem às portas das organizações do mercado contemporâneo, sem condições de atender às suas necessidades, é importante enfatizar que de nada adianta o aluno desandar a se inscrever em cursos e a obter diplomas de habilidades e competências essenciais em sua área de conhecimento se ele ignora as competências e as habilidades transversais.

Analise seu comportamento em relação à sua adequação ao mercado de trabalho contemporâneo. Caso você perceba que deve desenvolver alguma das competências e habilidades transversais expostas anteriormente, não perca tempo. Profissionais que dispõem dessas faculdades são os mais procurados no mundo organizacional atual.

É cada vez mais comum observar alunos formados em Arquitetura trabalhando na área de vendas de alguma multinacional, ou engenheiros que acabam como promotores de eventos. É a realidade de um desencontro cada vez mais profundo entre a formação acadêmica e as necessidades do mercado somado a uma falta de orientação vocacional em grande escala. Parece que todos desaprenderam a ofertar seus negócios no mercado e que a universidade não forma o profissional desejado pelas organizações.

Esse é mais um desafio sobre o qual você deve refletir. Em um mundo onde se convive com o paradoxo da necessidade da profissionalização polivalente em um mercado no qual a especialização é valorizada de forma diferenciada, você deve aproveitar o tempo de formação no ambiente acadêmico para a consolidação dessas competências e habilidades transversais que podem transformá-lo em um profissional diferenciado. Tenha sempre em mente que as competências e habilidades específicas e relacionadas à área do conhecimento que escolheu não são mais suficientes para que você venha a assumir uma posição de destaque no mercado.

Uma competência da qual não podemos nos esquecer é o espírito crítico. Se pensarmos na internet, por exemplo, é fato que há uma infinidade de informações na rede mundial de computadores, todas a seu dispor. No entanto, essa facilidade é enganosa, pois é necessário saber "separar o lixo" do que interessa para que você adquira novos conhecimentos. O senso crítico pode ser enriquecido a cada nova exigência que as organizações venham a colocar.

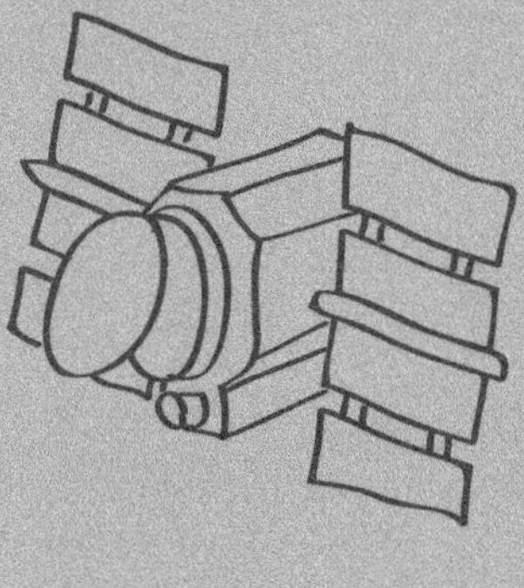

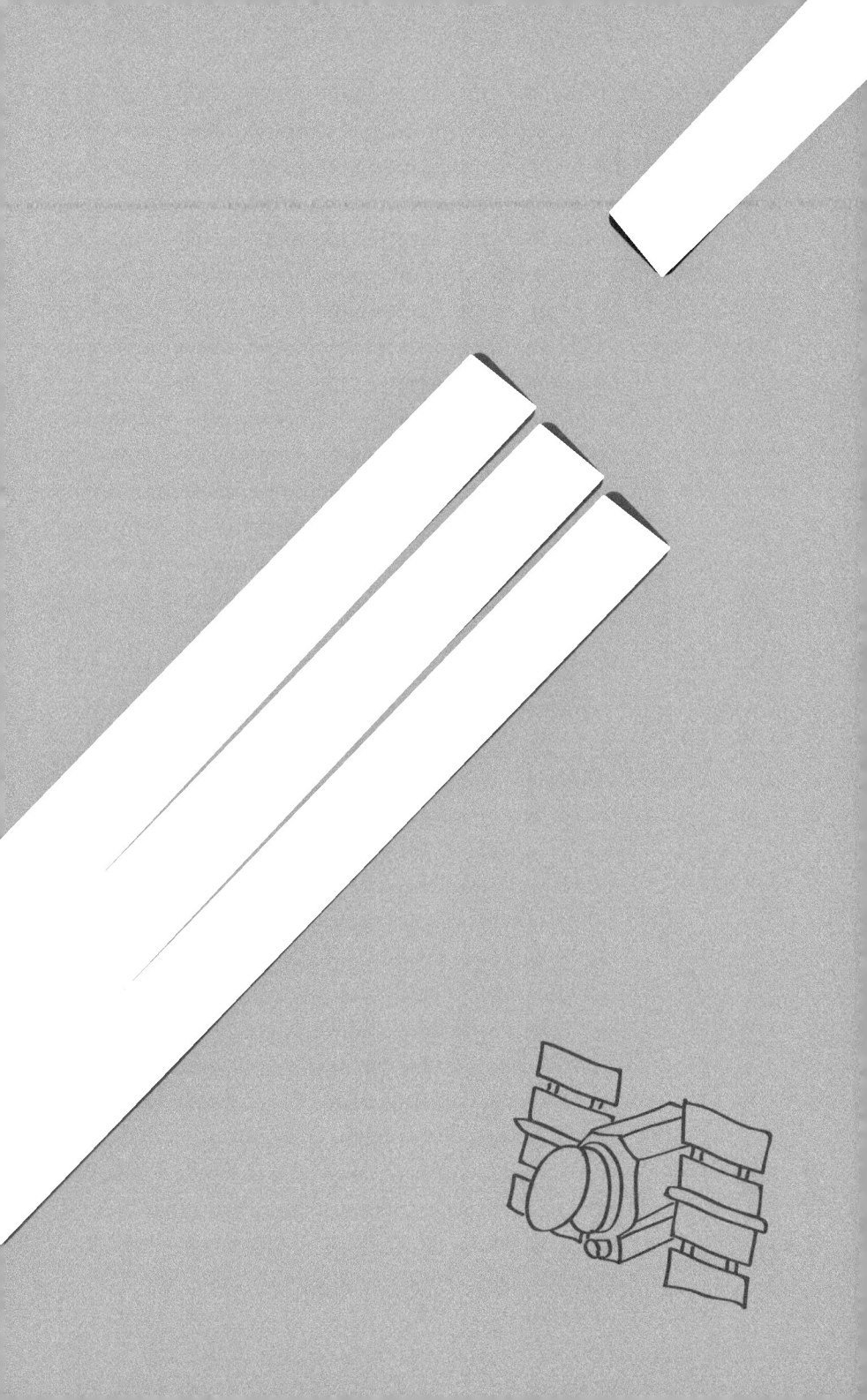

Nos primeiros estudos desenvolvidos para a montagem desta obra, apoiados na análise de atitudes e comportamentos de alunos com bons níveis de aproveitamento, o tema das diferenças psicossociais não estava presente. Em uma das enquetes propostas, graças à presença de um dos participantes, formado na área de psicologia, alguns aspectos referentes a testes vocacionais, comportamento social e respeito ao multiculturalismo geraram relatórios confiáveis a respeito dessas diferenças.

Essa escolha tornou-se reveladora por envolver questões delicadas que se referem à inclusão de alunos com necessidades educacionais especiais nos ambientes virtuais de aprendizagem (AVA). No universo das iniciativas educacionais, estabelece-se uma trama psicossocial que parece oculta, tal a ignorância dada ao fato. Sua existência, no entanto, acaba por afetar o rendimento dos alunos como um todo.

A construção dessa trama, de acordo com Souza (2007), é uma realidade ainda oculta para aqueles que não enxergam a multidisciplinaridade entre todos os conhecimentos produzidos na sociedade contemporânea. Não há como discutir que a sociedade em que vivemos na atualidade é um organismo multicultural. No ambiente dos cursos oferecidos em todas as modalidades possíveis, cria-se, de forma subjacente, toda uma união de contextos e espaços próprios que geram formas de relacionamento normalmente não esperadas e que, se não estudadas, passariam despercebidas.

Um dos grandes problemas para as instituição de ensino nesse caso é harmonizar essa "salada" de culturas e compreender contextos diferenciados. Por outro lado, o grande benefício dessa iniciativa é inequívoco: ela pode impedir a imposição de uma cultura dominante no ambiente dos cursos oferecidos na rede. Assim, reafirma-se a necessidade de respeito ao multiculturalismo.

Essa imposição cultural é um risco percebido em algumas iniciativas. Felizmente, a rede tem seus mecanismos de proteção, e posturas como essa logo são eliminadas.

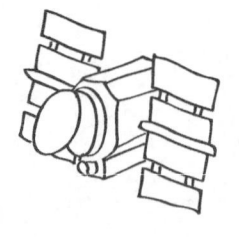

Na atualidade, as instituições de ensino parecem ser um dos últimos redutos onde a formação para a cidadania ainda tem lugar de destaque na luta incessante contra o poder do capital. Assim, ressaltar a importância das diferenças psicossociais dos estudantes dos ambientes de aprendizagem enriquecidos com tecnologia digital é essencial. É com base nessa perspectiva que as instituições de ensino superior se distinguem de muitas outras instituições da sociedade civil.

Os próprios alunos parecem sentir a importância de estimular companheiros que tiveram melhores condições psicossociais de desenvolvimento a se relacionarem com pessoas de outras culturas e outros níveis sociais. É uma forma de derrubar barreiras que podem impedir uma evolução menos controlada no ambiente. Há uma sensação de gratificação que vem como resposta a esse comportamento, frequentemente percebido na rede. O público dos cursos ofertados nos ambientes enriquecidos com a tecnologia digital e que forma as grandes salas de aula é caracterizado pela diversidade cultural. Nos cursos oferecidos pelo Centro Universitário Uninter, os quais foram analisados para a pesquisa de produção desse material, foram observadas turmas formadas por um grande número de alunos (2 mil a 6 mil alunos, ou mais). Desenvolver trabalhos em um ambiente com essa característica não é uma atividade simples. Toda a dinâmica dos cursos se torna um desafio para a instituição de ensino, para o seu setor administrativo, para os docentes e para os orientadores.

Com o intuito de contornar essas dificuldades, a saída é a montagem de equipes de trabalho para a distribuição do volume de atendimentos. Além disso, é preciso que essas equipes contem com figuras de liderança. Geralmente, os líderes surgem de forma natural: além de serem alunos com um aproveitamento pessoal destacado, são pessoas que valorizam e respeitam o multiculturalismo.

É óbvio que as exceções (desrespeito às diferenças psicossociais) existem, mas, no ambiente educacional, elas são menos salientes que em ambientes colaborativos e nos espaços em que as ações políticas se sobrepõem ao interesse educacional.

Os grupos que dispensam tratamento adequado ao multiculturalismo tendem a apresentar melhor rendimento, e entre seus líderes estão os melhores alunos dos cursos oferecidos no AVA. Por isso, é importante que você adote comportamentos que estejam de acordo com essa linha de pensamento. Quando ocorre o reconhecimento das diferenças culturais entre os estudantes, estes desenvolvem habilidades humanistas muito mais facilmente. Quando encarada sob essa perspectiva, a adoção de uma linha de respeito às diferenças psicossociais pode suscitar nos grupos de trabalho o respeito à cidadania. Sobre esse tema, Perrenoud (2001) afirma que, quando aspectos psicossociais são tratados no interior dos grupos, o processo de comunicação engloba fatores subjetivos como cumplicidade e estima mútua.

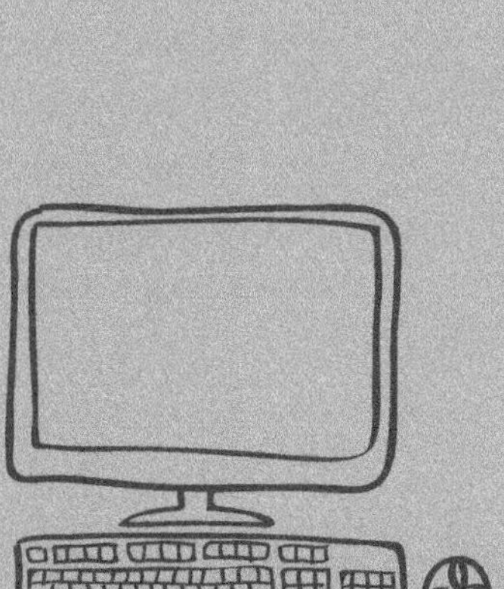

As buscas por novas formas de ensinar e aprender contribuem para que uma multiplicidade de abordagens, ideias e teorias sejam analisadas e testadas em diversas iniciativas elaboradas nos ambientes enriquecidos com a tecnologia digital. Algumas dessas iniciativas são úteis apenas em determinados contextos; outras têm eficácia apenas para alunos com determinadas características especiais. Em alguns ambientes, podemos observar a utilização da aprendizagem baseada em problemas; em outras iniciativas, é possível ver o incentivo ao uso de redes sociais em educação e o estímulo da aprendizagem pelo erro. Os resultados obtidos são os mais variados e recomenda-se que eles sejam registrados, sem que se esqueça do relacionamento desses resultados com o contexto educacional em que o curso está inserido. Talvez eles venham a ser usados em propostas de utilização de raciocínio baseadas em casos, para solução de situações similares. No final das contas, elas acabam por se transformar em "melhores práticas" e ficam à disposição do projetista instrucional, cuja função é a de criar ambientes nos quais as atividades de ensino e aprendizagem possam acontecer.

Inicialmente voltados para a oferta e a preparação de conteúdos diferenciados, os projetos instrucionais estão, na atualidade, em fase de mudança de enfoque. O projetista instrucional analisa quais atividades podem ser indicadas para que o aluno, respeitadas suas características pessoais e particulares, atinja um nível adequado de aproveitamento, que não é o mesmo para todos os estudantes. A utilização de objetos de aprendizagem que permitem o desenvolvimento de soluções com uso de múltiplas mídias e que apresentam flexibilidade de adaptação tem facilitado esse trabalho.

Uma dessas abordagens é a aprendizagem ativa, cujo foco é a responsabilidade do aluno em aprender. Pelas observações feitas no ambiente dos cursos observados na pesquisa desta obra e pelos resultados positivos que vem apresentando, é possível concluir que os alunos que desenvolvem esse tipo de aprendizagem apresentam melhores resultados.

Sem a colaboração do aluno, o aprendizado no AVA torna-se cada vez mais difícil. Por outro lado, quando o estudante divide com o professor a responsabilidade por seu processo de ensino e aprendizagem, os resultados tendem a exibir significativa melhoria.

O argumento que mais chamou a atenção quando essa abordagem começou a ser utilizada na década de 1980 era o de que o aluno não pode ser um mero ouvinte no processo de aprendizagem. Esse ponto ainda é extremamente válido na atualidade, em um tempo em que o paradigma do professor como reprodutor de ideias e detentor universal do conhecimento e do aluno como receptor passivo vem caindo por terra. Assim, o aluno precisa agora participar de forma ativa e tomar iniciativas que antes eram de única e exclusiva responsabilidade do professor. Em vez de apenas ouvir, o aluno deve ler, escrever, participar de discussões e incluir a rede social em seu processo de ensino e aprendizagem.

A forma mais adequada encontrada para que essa participação se efetive nos parece ser a aprendizagem baseada em problemas, conforme posição adotada por Veiga (2006), Morais (2010) e Santrok (2009), que destacam essa orientação em seus estudos. Segundo os defensores dessa abordagem, o processo de ensino e aprendizagem deve envolver o aluno em um ambiente no qual ele seja capaz de desenvolver tarefas de pensamento de ordem superior, tais como análise, síntese e avaliação, realizadas por meio dos diálogos, dos momentos de reflexão e das leituras complementares sugeridos durante o desenvolvimento de seu material de estudo.

A seguir, compilamos algumas ideias apontadas por pesquisadores do tema. São atitudes e comportamentos que você pode utilizar para a sua formação:

- Procure sempre discutir temas que apresentam alguma polêmica na comunidade acadêmica ou corporativa.
- Desenvolva em seu programa de aprendizagem o hábito da proposição de estudos de caso; eles o aproximam da realidade e firmam conceitos sobre medidas a serem evitadas e uso de "melhores técnicas".
- Procure sempre desenvolver exercícios curtos de escrita (como proposto no desenvolvimento do texto), visando à formação de senso crítico e espírito pesquisador com uma produção científica em sua área de conhecimento.
- Participe ativamente de simulações, jogos, casos de contraste, situações laboratoriais que possam ser simuladas etc., ou traga esses recursos para o AVA.
- Discuta extensivamente no ambiente virtual.
- Proponha para seu grupo a utilização das técnicas de *think-pair-share*[1], caso elas ainda não tenham sido inseridas no ambiente. Realize o mesmo procedimento em relação à técnica *one-minute-paper*[2].
- Sempre que possível, traga para o grupo ou indique pequenos vídeos ou partes de filmes que tragam situações de interesse para os estudos.
- Dentro de seu grupo ou de um conjunto de grupos, procure montar pequenos seminários para ensinar partes do conteúdo do curso a alunos de outros grupos. É uma atividade que deve ser efetuada de modo complementar, como uma forma de superação dos objetivos colocados pelo professor e pelo projetista instrucional para determinada etapa do programa de formação.
- Utilize técnicas que estimulam a inteligência emocional para motivar alunos a uma participação mais ativa. Incentive outros estudantes e grupos a desenvolver a mesma abordagem no processo individual de aprendizagem.

---

1 As atividades *think-pair-share* são aquelas em que os alunos dispõem de algum tempo para reflexão sobre a lição anterior, a fim de discutir o resultado entre si. É uma técnica eficiente quando se trabalha com grupos pequenos (Gunter; Estes; Schwab, 1999).

2 Útil para a revisão de materiais e o *feedback* aos produtores; resulta em pequenas recomendações que, quando aplicadas, podem melhorar o rendimento do trabalho conjunto entre diferentes grupos (McKinney; Heyl, 2009).

- Desenvolva pesquisas na rede de forma extensiva. O objetivo principal de recuperação do senso crítico dá ao aluno que desenvolve essa abordagem um diferencial com relação aos alunos que apenas utilizam os materiais cedidos dentro da estrutura do AVA.

Fonte: Adaptado de Santos; Alves, 2006; Miguel, 2012; Antonello; Godoy, 2011; Datner, 2006; McKinney; Heyl, 2009.

É importante observar que há certa redundância com recomendações já referenciadas em outras localidades deste material. Ela foi propositadamente mantida para que você se conscientize da importância de incorporá-la e, além disso, observe uma convergência das diversas fontes de onde provém o trabalho de pesquisadores vindos de diversas áreas: pesquisa científica, *games*, educação, medicina etc.

Analise seu comportamento com relação à aprendizagem ativa. Se tiver alguma crítica ou restrição aos conteúdos, comunique-se com a estrutura de seu curso ou, se for um leitor eventual desta obra, procure comentar sobre o assunto em suas redes sociais. Caso considere necessário, este material dispõe de um *site* para a discussão de temas a ele relacionados diretamente via *e-mail* com o autor: <tecnologiaeducacional.net>.

Blogs

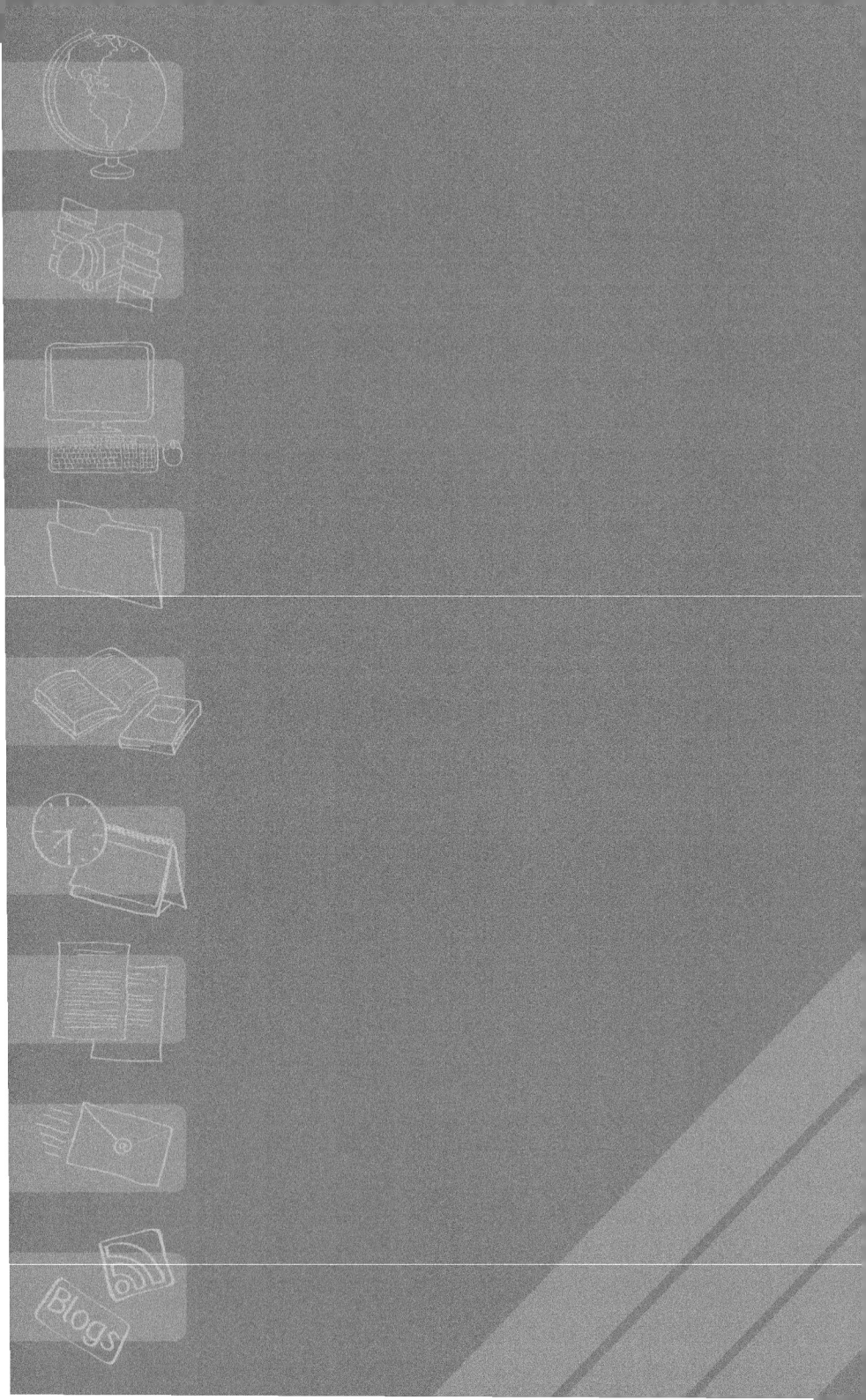

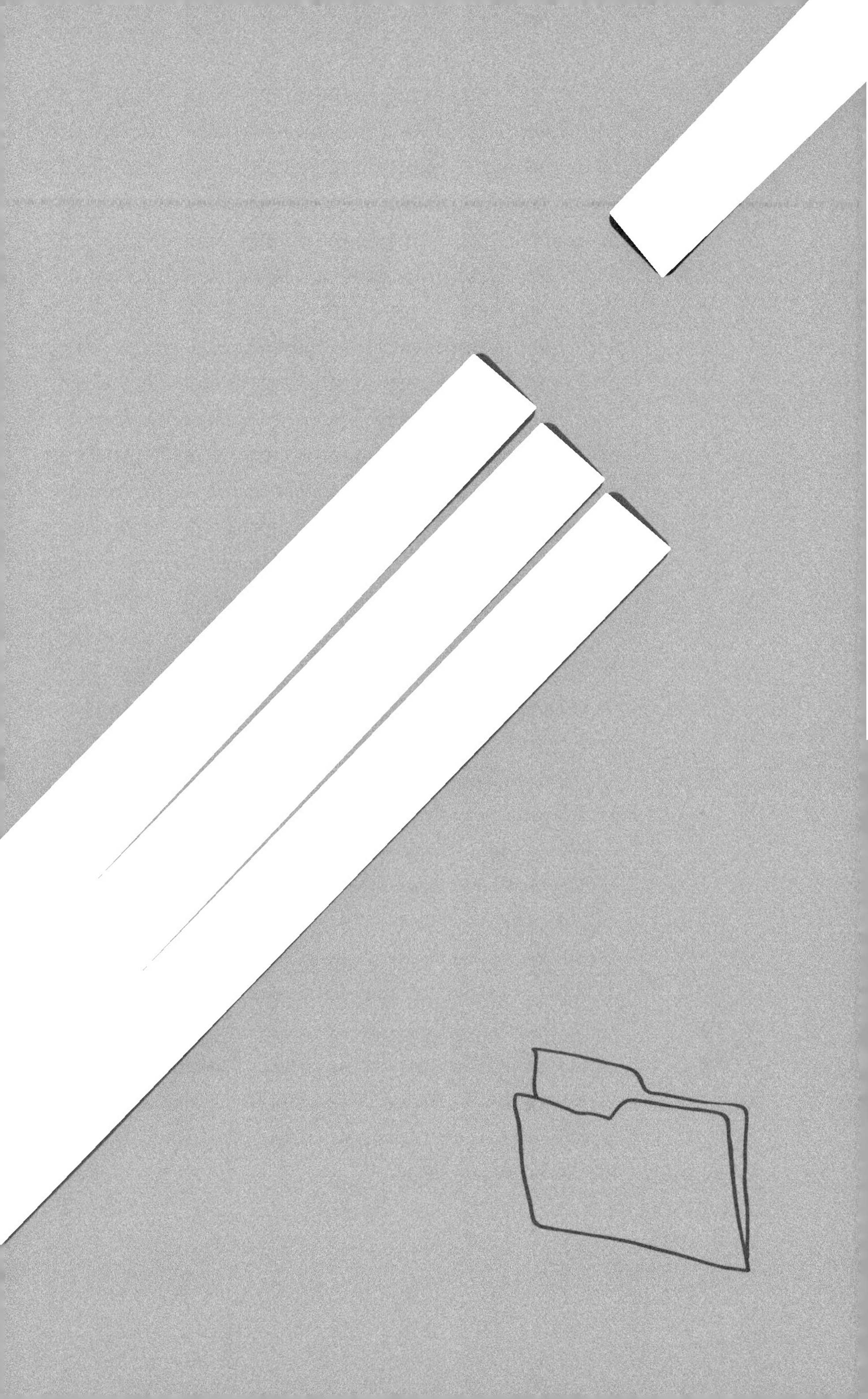

Um dos principais elementos dos cursos efetuados nos ambientes enriquecidos com a tecnologia digital é o projeto instrucional. Esse tema não será analisado profundamente nesta obra, mas será destacado em várias partes de seu conteúdo. Caso você disponha de um tempo adicional, procure ler algum material relacionado ao assunto.

Um projeto instrucional tem como um de seus principais objetivos a orientação para a aplicação da teoria na prática. No caso do Centro Universitário Uninter, esse projeto é destinado à utilização de objetos de aprendizagem que conferem elevada flexibilidade no ambiente com utilização de múltiplas mídias. Assim, o projeto instrucional pode dispor de um nível de educabilidade cognitiva elevado e aproveitar formas individuais de aprendizagem.

Há alunos que gostam mais de ver um vídeo; existem aqueles para os quais um áudio é mais eficiente; existem, ainda, os que preferem a leitura de um texto. Assim, uma mesma atividade pode ser proposta com a utilização desses diversos suportes no projeto instrucional.

Recomendamos que você desenvolva toda a rota de aprendizagem proposta no projeto instrucional, mesmo que já tenha desenvolvido determinada atividade com o suporte preferido do aluno.

Depois de superadas as atividades básicas de áudio, vídeo e animações, resta para os alunos as atividades pedagógicas desenvolvidas de forma independente, a solução de problemas e as atividades pedagógicas *on-line*. As atividades independentes e a solução de problemas farão com que você desenvolva uma atividade de navegação extensiva e procure recursos como bibliotecas, *sites* e auxílio nas redes sociais. Em resumo, você estará no ambiente virtual, mas provavelmente não no criado pelo sistema de gerenciamento de conteúdo e aprendizagem.

As atividades previstas, de modo geral, são colocadas na forma de uma rota a ser seguida pelo aluno. No entanto, é importante destacar que, a partir desse instante, a responsabilidade por desenvolver sua aprendizagem com eficácia é totalmente sua. Lembre-se de que você não estará sozinho, mas não mais será dirigido.

O ambiente virtual de aprendizagem (AVA) sozinho, não importa qual a quantidade de ferramentas de que ele disponha, não terá êxito em emitir notas, indicar endereços, efetivar a comunicação extensiva e garantir qualidade no processo de aprendizagem do aluno. É na possibilidade do desenvolvimento da aprendizagem ativa, colaborativa, desenvolvida na solução de problemas que está o caminho do sucesso, e tudo isso depende do seu desempenho como aluno.

Lembre-se de que você desenvolve seus trabalhos em um ambiente centrado no aluno: se a você são dadas condições para que efetive um processo de aprendizagem eficaz, é exigida como contrapartida uma atuação diferenciada de sua parte.

Em que contexto você trabalha? Ao acessar o AVA, você está em uma sala de aula virtual e poderá frequentá-la quantas vezes quiser. As atividades serão desenvolvidas com diferentes níveis de aproveitamento. Na aprendizagem independente, você poderá ter seus momentos de solidão; o importante é não deixar que eles desestimulem a continuidade de sua caminhada. Qual deve ser seu procedimento nesse contexto? As atividades relacionadas na lista a seguir já foram referenciadas em algum ponto desta obra ou no livro *O estudo em ambiente virtual de aprendizagem: um guia prático* (Munhoz, 2012):

- entrada diária para verificar avisos gerais presentes na área de calendário e agenda, recepção de arquivos, revisão de atividades, envio de resultados, desenvolvimento de trabalhos colaborativos (tecnologia digital conhecida como *wiki*);
- acesso à área de arquivos de mídia relacionados na rota de aprendizagem de cada aula prevista no ambiente e o desenvolvimento das tarefas previstas;
- acesso a todos os outros componentes do ambiente e às comunidades sociais e comunidades de prática (Cops) presentes no ambiente.

O restante das atividades diz respeito àquilo que você programar para o seu processo de aprendizagem. Caso você venha a enfrentar um problema junto com seu grupo, é o grupo quem determina a tarefa e a divisão das responsabilidades. É nesse momento que a sua atuação para desenvolver atividades determinará o sucesso de sua atividade de aprendizagem independente.

Um enfoque da aprendizagem que você perceberá no decorrer de seus estudos é a **aprendizagem distribuída**, que, segundo Moore e Kearsley (2012), pode acontecer a qualquer momento e em qualquer lugar, mas que engloba em seu interior as atividades desenvolvidas pelos alunos no *campus* virtual. Um dos exemplos mais comuns que podem demonstrar a eficácia do ambiente virtual, quando há o interesse de participação, são os fóruns de discussão. Neles é possível criar conhecimentos ou fornecer indicações sobre a elaboração desses espaços de interação. A atividade de colaboração, que reúne grupos de pessoas com interesses comuns, pode criar uma sinergia que possibilite a ocorrência da aprendizagem distribuída, de acordo com o preconizado pelos pesquisadores indicados.

Apesar de toda a flexibilidade, a interoperabilidade e a capacidade de comunicação, é possível que o funcionamento dos AVA dessas localidades não atinja todo seu potencial de disponibilidade. No entanto, dentro da disponibilidade que for possível, é atribuição do aluno desenvolver as atividades previstas. A recomendação neste capítulo é que você tenha uma rotina previamente estabelecida e participe constante e extensivamente do AVA.

O aluno não pode ser responsabilizado por erros cometidos em tempo de desenvolvimento do projeto instrucional. Quando possível, você deve estar atento aos seguintes aspectos:

- falta de atividades de envolvimento do aluno com o ambiente;
- baixa interatividade;
- trabalho com conteúdos em vez de orientação para análise de resultados;

- baixa utilização de ideias pedagógicas e teorias que possibilitem ao aluno a melhor orientação didática e pedagógica para desenvolver seu processo de ensino-aprendizagem;
- ausência de ênfase à natureza social da atividade de aprendizagem e ocorrência de falhas no processo de comunicação;
- problemas de atualidade e confiabilidade dos materiais disponíveis;
- bloqueio de acesso por qualquer tipo de problema técnico; a perspectiva é de trabalho na modalidade 24 x 7 x 365 (24 horas por dia, 7 dias por semana, 365 dias por ano);
- ausência de tecnologia educacional de ponta;
- falta de investimento na inclusão digital;
- falta de acompanhamento ao aluno em todos os momentos necessários;
- utilização de currículos superados;
- falta de credenciamento dos cursos oferecidos.

Fonte: Adaptado de Rumble, 2003, tradução nossa.

Ao observar falha em algum dos tópicos relacionados, cabe a você informar ao sistema, aguardar tempo suficiente para a solução do problema e agir de forma a exigir seus direitos como aluno caso a resposta não chegue em tempo útil.

É somente com base em condições ideais que você poderá alcançar o que denominamos neste material de "aprendizagem eficaz", que caracteriza o "aluno eficaz" e é desenvolvida por ele. Você teve a oportunidade de perceber que ela depende de sua ação e de sua prática discente nos ambientes enriquecidos com a tecnologia digital.

É importante destacar o pensamento de alguns dos pioneiros na oferta da EaD em nosso país. Alonso (2005) considera que a aprendizagem é um processo social e de desenvolvimento, a qual está ligada à cultura específica e deve ser desenvolvida em um processo autêntico. Os ambientes virtuais são um ponto de encontro entre a aprendizagem individual e a aprendizagem social, mas esta somente acontece no caso em que você apresentar participação eficaz no ambiente.

Mais uma vez lhe é dado observar a chamada que se faz ao aluno no que diz respeito às suas obrigações e à sua autonomia no AVA. Essa transferência de atribuições não significa falta de responsabilidade das instituições de ensino, mas sim um reflexo das características da sociedade atual. O mercado exige profissionais críticos e criativos, solucionadores de problemas. É com essa perspectiva que a aprendizagem independente torna-se o caminho mais indicado para você obter sucesso em sua iniciativa de estudo no ambiente enriquecido com a tecnologia digital.

Em um ambiente com as características anteriormente citadas, as atividades propostas levam você a desenvolver a aprendizagem cognitiva, situada no contexto da sua cultura, de seu ambiente de trabalho, que o envolve em atividades reais, em sua maioria desenvolvidas de modo colaborativo com a aquisição de competências e habilidades específicas. Assim, o aluno com aproveitamento máximo é aquele que participa no desenvolvimento de todas as atividades propostas, incluídas as destinadas à superação dos objetivos colocados em pontos específicos do currículo que está sendo desenvolvido.

A aprendizagem cognitiva conta com as seguintes características:

- oferta de solicitações, sugestões e outras formas de orientações em guias desenvolvidos na forma de uma conversação didaticamente guiada (Holmberg, 1995), que presta ao aluno apoio adequado para o desenvolvimento da aprendizagem; é um serviço oferecido na modalidade de *coaching*[1], comum no ambiente corporativo;
- estímulo progressivo à independência do aluno com redução do apoio inicial substituído por acompanhamento mais distante;

---

[1] Processo de desenvolvimento pessoal e profissional considerado eficaz, o qual auxilia as pessoas no desenvolvimento de competências e habilidades.

- acompanhamento com elevado volume de informações sobre todas as atividades desenvolvidas no ambiente (metadados).

Considera-se que essa abordagem apresenta maior efetividade nos encontros sem rosto, característicos nos ambientes enriquecidos com a tecnologia digital.

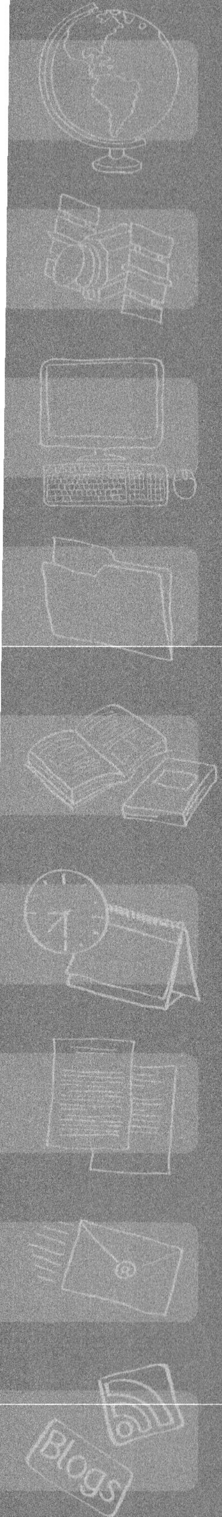
Blogs

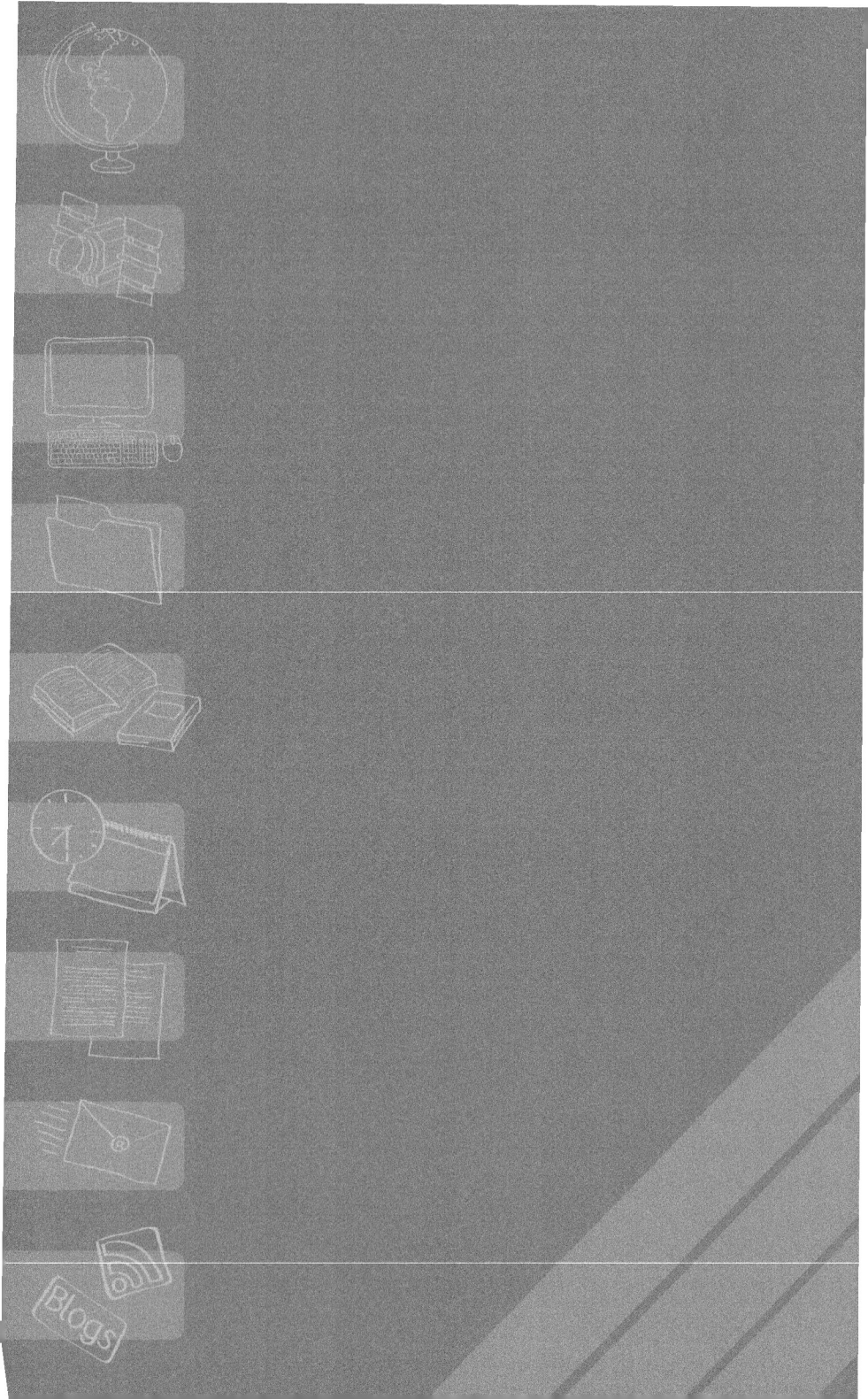

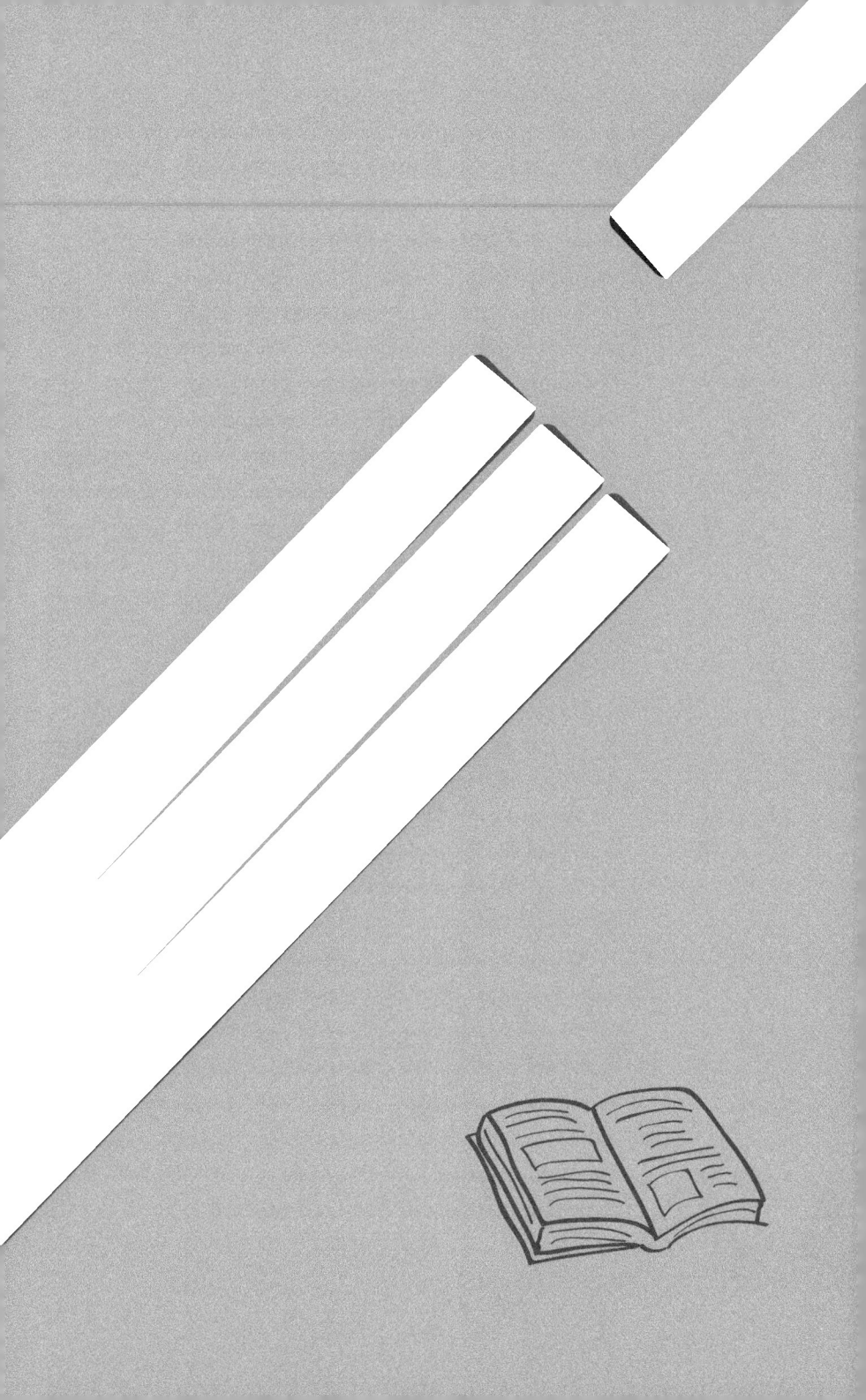

A escrita e a leitura são produtos culturais resultantes da necessidade que o ser humano tem de se comunicar com os seus semelhantes. Saber ler e escrever parece ser uma atividade natural de pessoas alfabetizadas. Nada mais longe da realidade demonstrada na sociedade.

A leitura e a escrita conferem significado ao mundo. Portanto, são duas atividades às quais você deve dar atenção especial. O ambiente virtual de aprendizagem (AVA) representa um local onde os processos de leitura e escrita podem ser refinados.

A monitoração do ambiente digital no período da pesquisa desta obra permitiu que observássemos como alguns alunos apresentam deficiências sérias quanto à leitura e à escrita, sem mencionar, entretanto, o analfabetismo funcional, outro problema ainda mais grave por ser constatado em pessoas tidas como aptas a desenvolver a leitura e a escrita, algumas das quais ocupam cargos de chefia em organizações do mercado corporativo.

As dificuldades encontradas pelos alunos nos processos de leitura e escrita parecem revelar um profundo processo de desmotivação em face de uma sociedade em que a tecnologia digital parece tomar conta de todos os recantos. Mas o aspecto que mais tem colocado alguns docentes em guarda é a responsabilidade que lhes é "jogada sobre seus ombros" já cansados sob o peso das críticas constantes à sua ação e à sua prática profissionais.

O volume de informações disponíveis e o volume de colaboradores que surgem de todos os lugares na grande rede para ajudar os jovens a cada mínima dificuldade parecem retirar dos alunos todo o senso crítico, toda a criatividade e, consequentemente, sua capacidade de interação. A manutenção de diálogos, facilitada ao extremo no mundo virtual em uma sociedade na qual a comunicação é total e as pessoas têm um elevado grau de mobilidade, pode trazer dificuldades de escolha para o interlocutor.

A confirmação dessa dificuldade de comunicação parece um paradoxo em uma sociedade que exige um novo profissional capaz de enfrentar o novo, de criar novos conhecimentos e providenciar a disseminação desses conteúdos. Kleiman (2000) afirma que a raiz do problema pode estar na falta de uma abordagem interacionista, em que a interação entre os atores em um processo de comunicação extensivo seja capaz de permitir a criação de novos conhecimentos, obtidos a partir do aumento da motivação que a interação extensiva pode proporcionar aos participantes. Você deve procurar desenvolver estratégias de leitura e escrita que permitam compreender o que lhe é informado e se expressar de forma clara, de modo que as pessoas entendam o seu pensamento.

Formar-se como um leitor e como um escritor adiciona competências e habilidades exigidas em um mercado carente delas ao extremo. Desse modo, você deve trabalhar intensivamente sobre qualquer tipo de dificuldade que interfira em sua capacidade de compreensão e produção de textos. Essa é uma atividade cujo resultado pode diminuir as dificuldades de ensino e aprendizagem que você talvez perceba em seu perfil profissional e no âmbito social.

A extensão e a complexidade do tema e a ausência de um espaço maior para seu tratamento neste ponto nos leva a recomendar uma leitura complementar: KLEIMAN, A. A concepção escolar da leitura. In: _____. Oficina de leitura: teoria e prática. Campinas: Pontes, 2000.

Para que você tenha um melhor aprendizado das tarefas que lhe são atribuídas, invista pesadamente em seu letramento a fim de evitar problemas de compreensão dos conteúdos e, consequentemente, no processo de ensino-aprendizagem (Kleiman, 2000).

Como essa iniciativa dificilmente é tomada pela instituição de ensino, que se exime dessa tarefa, cabe a você o desenvolvimento e a melhoria constantes de sua leitura e escrita. O questionamento a responder é: como você pode desenvolver essa atividade? Parece possível encontrar a resposta em uma colocação de Suassuna, citado por Gomes e Souza (2010), a qual nos permite emitir uma orientação mais segura para o desenvolvimento de seu trabalho independente sobre o tema. Os autores recomendam que o aluno exercite a leitura com crítica, com imaginação, de forma a instigar a descoberta, a um ato de conhecimento que exceda os limites da palavra lida.

Ainda que a leitura seja uma atividade complementar a tudo o que você já tem de desenvolver, ela se mostra necessária diante da dificuldade de compreensão cada vez maior que a maioria dos alunos demonstra na análise e na produção de textos e que provoca perda de tempo em releituras do material de leitura e na construção de novos textos que também são incompreendidos.

Retomamos Kleiman (2000), que recomenda aos alunos uma importante prática no desenvolvimento da leitura que envolve o estabelecimento de interações com o texto. Essas interações devem favorecer a participação dos alunos em diálogos, debates, opiniões, de forma a permitir a criação de novos conhecimentos.

Alunos que seguem esse procedimento obtêm sucesso no aprimoramento de suas condições de leitura. A escrita, por sua vez, é consequência direta do letramento e do aperfeiçoamento da leitura. Em outras palavras, a primeira não existe sem a segunda.

De acordo com os autores Kleyman (2000) e Gomes e Souza (2010), você não deve utilizar os textos apenas como reprodutores de informação e conhecimento, mas sim relacionar o conteúdo dos textos com seu próprio conhecimento e determinar suas intenções e seu nível de complexidade. É necessário, segundo Freire e Shor (1986), conferir novo significado ao texto e procurar sua vinculação com o contexto do aluno.

Assim, a leitura pode ser considerada um processo de construção de significados (Kleiman, 2000). As considerações colocadas neste texto não entraram no detalhamento de considerações gramaticais, consideradas obrigação do aluno. Se você não tem domínio sobre a gramática, estude-a com afinco, pois produções acadêmicas devem ser pautadas em elevados níveis de correção gramatical.

O exercício da leitura como um processo de reconstrução demonstra a força dessa prática na melhoria que pudemos observar no comportamento e no aproveitamento de alguns alunos orientados a desenvolver intensivamente a leitura e a escrita.

O domínio da leitura e da escrita aumentou a capacidade de análise de alunos que antes apresentavam desempenho medíocre diante de atividades simples que lhes eram propostas. A inclusão de interpretação do texto os auxiliou de forma significativa na melhoria de aproveitamento nos AVAs.

Os aspectos de dificuldade de leitura e escrita podem ser facilmente relacionados à dificuldade na solução de problemas simples apresentada por alguns alunos. Aqueles que recuperaram o encanto pela leitura e pela escrita conseguiram superar uma barreira importante: apresentaram melhoria nas propostas de estratégias para solução dos problemas que lhes eram propostos.

Enfatizamos que a discussão apresentada neste capítulo é superficial. Ela foi elaborada com o objetivo de auxiliá-lo a compreender que os problemas relacionados à leitura e à escrita estão associados à perda de valores sociais provenientes da família e da perda da identidade da escola como formadora da cidadania. Por isso, o desenvolvimento constante de suas habilidades de leitura e escrita acaba sendo sua responsabilidade.

A preocupação com o fato é real e está exposta nos Parâmetros Curriculares Nacionais – PCN (Brasil, 1997, 1998). A leitura desses documentos nos permite concluir que não é possível a formação de bons leitores a partir de materiais empobrecidos. Os materiais fornecidos para quem inicia na atividade da leitura devem, de alguma forma, contribuir para que suas vidas melhorem com a leitura.

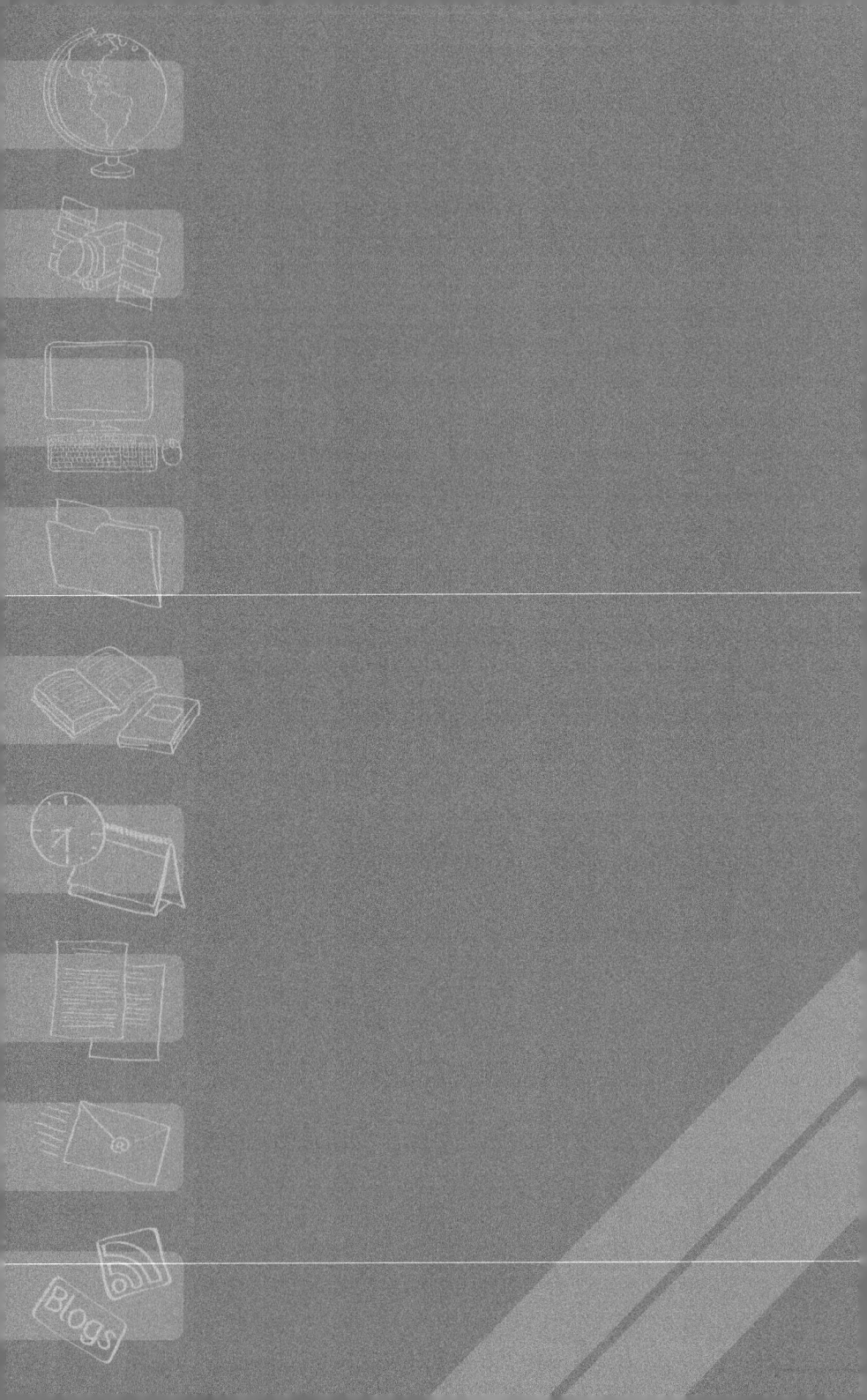

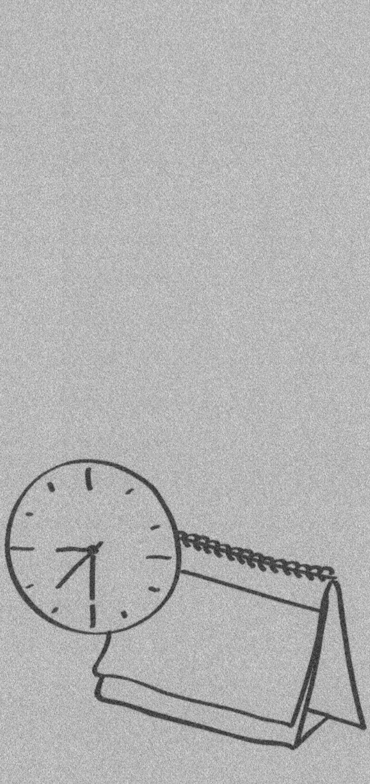

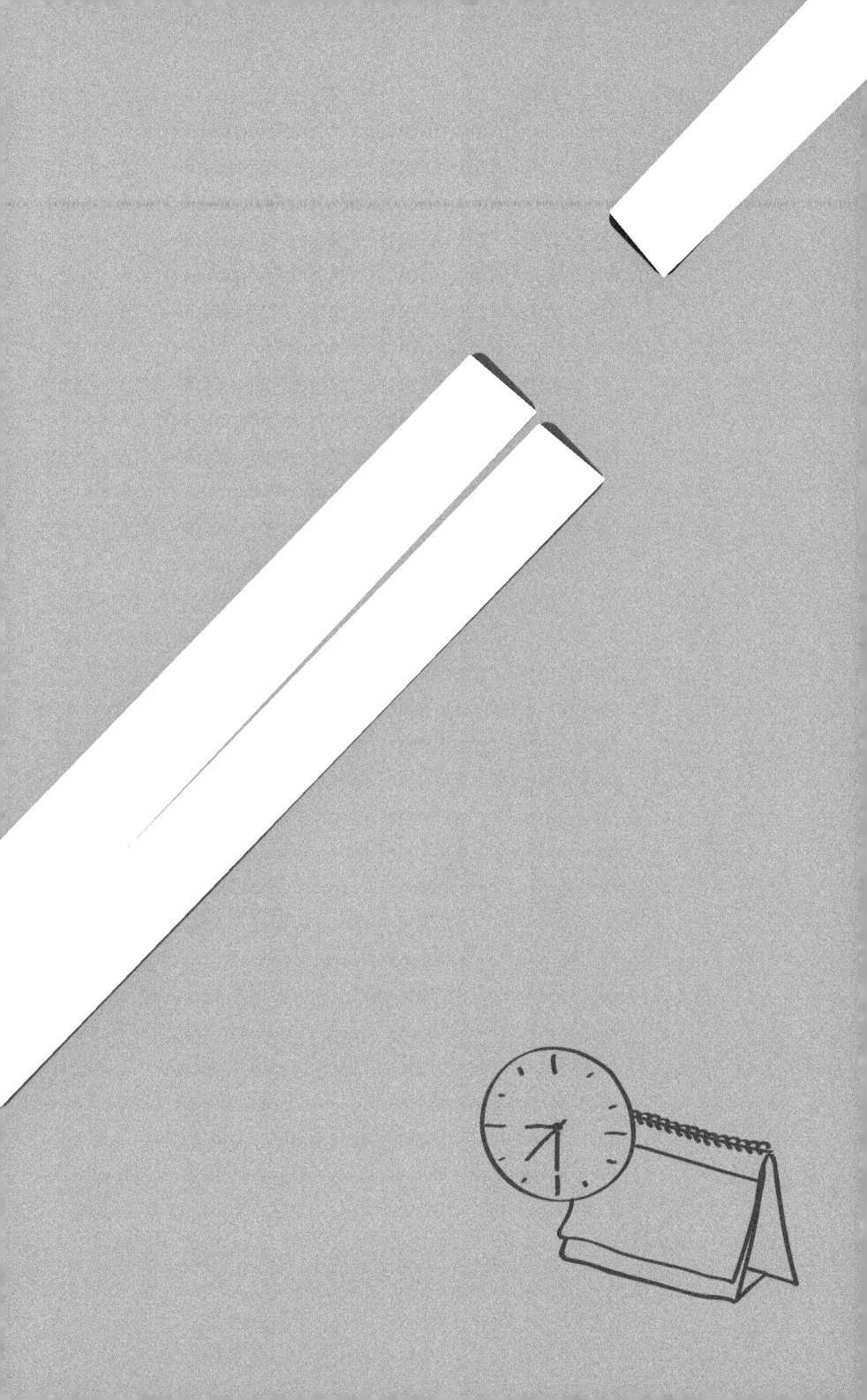

Um em cada cinco brasileiros é analfabeto funcional. Essa não é uma colocação gratuita e sem justificativa, mas o resultado de estudos apresentados pela Pesquisa Nacional por Amostra de Domicílios – PNAD, desenvolvida em agosto de 2010, conforme relatado por Targino (2010). Os números apresentados são assustadores, mas, ainda assim, não são reais. O analfabetismo funcional apresenta percentuais ainda maiores.

Se tudo decorre de insuficiência de leitura e escrita, entre aqueles que dispõem dessas habilidades em nível satisfatório, os números sobre o analfabetismo funcional são alarmantes, chegando a atingir 75% dos habitantes do país, segundo números publicados em outra pesquisa desenvolvida pelo Instituto Brasileiro de Opinião Pública e Estatística – Ibope (IG Educação, 2005).

A Unesco – Organização das Nações Unidas para a Educação, a Ciência e a Cultura –, em 1978, definiu como *analfabeto funcional* a pessoa capaz de ler e escrever coisas simples mas que, no entanto, não tem as habilidades necessárias para viabilizar os desenvolvimentos pessoal e profissional. Ela lê textos, mas não os compreende perfeitamente e não ultrapassa as operações básicas dos números.

Essa definição tem por base pessoas com idades superiores a 15 anos, faixa etária que está dentro do nosso universo de pesquisa, que envolve universitários em fase de educação formal ou pessoas já formadas em fase de requalificação profissional.

No universo em que foi desenvolvido o estudo que deu origem a este material, não era de se esperar que o número de indivíduos classificados como analfabetos funcionais fosse elevado. Infelizmente, esse índice se relaciona ao elevado nível de analfabetismo funcional entre futuros candidatos à docência dos ensinos fundamental e médio. Com base nesse fato, torna-se possível compreender as razões pelas quais esse problema se estende a todo o tecido social.

É possível observar nas organizações e nas próprias instituições de ensino, locais onde seria de se esperar menos ocorrências referentes a esse fenômeno, a repetição das pesquisas assinaladas no início do capítulo. O problema é que o analfabeto funcional não percebe seu problema, ou seja, a pessoa é analfabeta funcional sem saber que o é.

Os níveis da chamada *alfabetização funcional* são mensurados pelo Ministério da Educação – MEC com base em provas aplicadas a alunos matriculados no 2º ano do ensino fundamental (Provinha Brasil). Segundo Ribeiro (2013), os índices de alfabetização apresentados pelo Inaf – Indicador Nacional de Alfabetismo Funcional são classificados de acordo com o quadro a seguir.

Quadro 15.1 – Níveis de alfabetização

	Leitura	Habilidades matemáticas
Analfabetismo	Não domínio das habilidades medidas.	Não domínio das habilidades medidas.
Alfabetismo – Nível 1	Localiza uma informação simples em enunciados de uma só frase, um anúncio ou chamada de capa de revista, por exemplo.	Lê números de uso frequente: preços, horários, números de telefone. Capacidade de anotar um número de telefone, ler as horas no relógio, medir um comprimento com fita métrica, consultar um calendário (em que dia da semana cai tal data).

(continua)

(Quadro 15.1 – continuação)

	Leitura	Habilidades matemáticas
Alfabetismo – Nível 2	Capacidade de localizar uma informação em textos curtos ou médios (uma carta ou notícia, por exemplo), mesmo que seja necessário realizar inferências simples.	Capacidade de ler números naturais, independentemente da ordem de grandeza, capacidade de ler e comparar números decimais que se referem a preços, contar dinheiro e fazer troco. Capacidade de resolver situações envolvendo operações usuais de adição e subtração, ou mesmo multiplicação, quando não conjugada a outras operações.

(Quadro 15.1 – conclusão)

	Leitura	Habilidades matemáticas
Alfabetismo – Nível 3	Capacidade de localizar mais de um item de informação em textos mais longos, comparar informação contida em diferentes textos, estabelecer relações entre as informações (causa/efeito, regra geral/caso, opinião/fonte), ater-se à informação textual quando contrária ao senso comum.	Capacidade de adotar e controlar uma estratégia na resolução de problemas que demandam a execução de uma série de operações, por exemplo, tarefas envolvendo cálculo proporcional (se o metro de fita custa $ 2, quanto custam 80 cm de fita?), cálculo de percentual de desconto. Capacidade de interpretar gráficos e mapas.

Fonte: Ribeiro, 2013.

Com base nos níveis de alfabetização apresentados, você deve avaliar se pode ser considerado um analfabeto funcional. Quando essa preocupação foi colocada para os alunos entrevistados para a pesquisa da obra, adicionou-se mais um fator de estresse. O volume de perguntas sobre a identificação do analfabeto funcional se multiplicou.

No entanto, é importante enfatizar que o analfabetismo funcional não é doença. Para identificar alguma pessoa como analfabeta funcional, basta convidá-la a ler algum texto simples e interpretá-lo. O teste em si consiste em realizar alguns questionamentos referentes ao conteúdo lido e, a partir deles, avaliar se o leitor pode ou não ser incluído na relação dos considerados analfabetos funcionais.

O que você pode fazer caso queira avaliar seu nível de avaliação? Nada além de solicitar intervenção externa, ou seja, avaliação de um terceiro experiente nesse tipo de mensuração. Uma vez identificado o problema, o que você deve fazer? O esforço a ser empregado está na medida do nível cognitivo de cada um, mas é inegável que um empenho adicional é necessário, pois o analfabetismo funcional pode invalidar esforços individuais, bem como a qualidade e a confiabilidade de trabalhos de estudo.

Sem o domínio adequado da leitura e da escrita, o profissional dificilmente sobrevive em um mercado competitivo como o que se apresenta na atualidade. É importante assinalar que a destreza referente aos atos de ler e escrever depende da prática.

Para você que desenvolve estudos em ambientes enriquecidos com a tecnologia digital, nos quais o acesso a uma grande quantidade de textos e o desenvolvimento de trabalhos relacionados a eles é algo rotineiro, apresentar analfabetismo funcional pode vir a trazer muitos problemas.

Quanto aos alunos dos cursos observados para a pesquisa da obra, os classificados como analfabetos funcionais questionavam avidamente: "Como resolver esse problema?". Conforme dissemos anteriormente, o analfabetismo funcional não é uma doença. As razões e os fatores que contribuem para que um leitor venha a ter esse problema ainda não são totalmente conclusivos. Assim, nosso foco reside nos procedimentos que podem auxiliar a superar seus efeitos.

Em primeiro lugar, é necessário que você se transforme em um leitor proficiente, trabalhando com a língua sob seus diversos aspectos: gramática, interpretação de textos e produção textual. É possível que você venha a apresentar dificuldade em transmitir seu pensamento para outras pessoas, mas é importante persistir. O segundo passo necessário, relacionado aos textos que você lê, é desenvolver, para cada texto (que, inicialmente, podem ser pequenos), a interpretação de seu conteúdo sob os mais diversos ângulos e perspectivas, bem como pesquisar o contexto em que ele foi produzido.

O que você precisa admitir é a impossibilidade de resolver esse problema de forma isolada. A ajuda da comunidade de prática – caso você participe de algum curso – ou das redes sociais pode ser inestimável. Resultados expressivos também são obtidos quando se procura um acompanhamento profissional, como um docente qualificado no atendimento ao perfil do aluno analfabeto funcional.

Você não pode ignorar o problema e prosseguir com seus estudos, pensando que, se conseguiu chegar até determinado ponto de sua aprendizagem sem solucionar essa dificuldade, poderá continuar da mesma maneira. Em alguma ocasião, aquela pessoa por trás da qual você se esconde não estará disponível. Fazemos essa ressalva porque a maioria dos analfabetos funcionais esconde sua deficiência pedindo a algum amigo que o ajude a interpretar o que está dito em algum texto. Essa atitude ocorre tanto no mercado corporativo como no ambiente educacional.

Melhorar a qualidade do estudo ainda é a melhor saída. O importante é que você saiba que essa situação, se identificada, não é irreversível. A saída depende de vontade férrea e persistência.

Blogs

Um dos destaques colocados na obra – a aprendizagem no ambiente virtual – refere-se à importância do ambiente de estudo e do "ritual" necessário à criação de um clima favorável ao desenvolvimento dos estudos. Voltamos a ressaltar esse ponto, agora sob um ângulo diferente.

Na atualidade, fatores como ergonomia e comunicação "homem e máquina" (IHM – Interface Homem e Máquina) são cada vez mais enfatizados na criação de ambientes de estudo confortáveis. Ao conhecer esses aspectos, você tem mais condições de avaliar ambientes e montar um espaço que contribua para seu rendimento.

Algumas das medidas citadas podem parecer óbvias de acordo com o senso comum. E são mesmo: elas foram apenas organizadas por meio de estudos provenientes da psicologia, da ergonomia tradicional (*design* adequado de móveis como cadeiras e mesas) e da ergonomia cognitiva. Esta representa um conjunto de fatores que, concordando com as palavras de Soares e Cesar (2011), pode englobar os processos perceptivo, mental e de motricidade que podem interferir com o desempenho de determinada função. Essa área de estudo vai mais adiante, ao analisar a maneira como as pessoas pensam e processam informações provenientes do meio ambiente externo enquanto executam suas tarefas.

As instituições focadas na pesquisa, no estudo e no ensino de ergonomia cognitiva e cognição dispõem de uma série de recomendações sobre como estudar com qualidade, fatores sempre relegados ao esquecimento. Há um número cada vez maior de pessoas preocupadas com as condições necessárias para que o aluno desenvolva com qualidade suas atividades de aprendizagem.

Com a nova demanda por um espaço propício para estudos realizados em AVAs, características ergonômicas (cor das paredes, luz do ambiente, uso de *notebooks*, que podem ser transportados para qualquer lugar etc.) passaram a ser enfatizadas e divulgadas.

Essa não se dá apenas com ambientes de estudo; sempre que você entra em um ambiente claro, onde os objetos estão organizados, com tudo em seu lugar, a sensação de bem-estar é evidente. Aproveitar essa sensação, criando ambientes de estudo confortáveis, parece-nos natural e relevante.

Os benefícios trazidos pela criação de ambientes de estudos confortáveis e convidativos à aprendizagem são comprovados em diversas pesquisas. O envolvimento dos alunos com os compromissos estudantis é maior, pelo menos no que se refere aos estudantes que apresentam melhor rendimento.

No entanto, nenhuma dessas soluções tem validade se você não fizer um gerenciamento criterioso do seu tempo de estudo. É importante que você defina o melhor horário, ordene e escalone as disciplinas mais complexas para o início dos trabalhos, esquematize seu tempo em pequenos blocos de trabalho, com intervalos. Estipule algum tempo para diversão e relaxamento e, se possível, combine atividades, estudos mesclados a pesquisas, acessos a grupos, participação em redes sociais, entre outras atividades. Somente depois de organizado o seu tempo é que você deve se preocupar com questões do ambiente.

Analise o ambiente que você montou para desenvolver seus estudos em ambientes enriquecidos com a tecnologia digital e enumere todos os recursos que utiliza. Ao final deste capítulo, compare seu espaço com o que os especialistas consideram o "melhor ambiente de estudo".

Existem diversas recomendações sobre a criação de um ambiente de estudos ideal para o aluno. Uma pesquisa sobre o trabalho desenvolvido por diversos estudiosos no assunto (Rodrigues, 2013; Universia, 2013; Mytie, 2013; Nogueira, 2007, entre outros) permite a adaptação montada em um conjunto de recomendações que oferecemos aos alunos dos cursos dos quais temos oportunidade de participar e onde a preocupação com o aluno é um dos principais aspectos a considerar. Assim, pode-se considerar como um ambiente de estudo ideal aquele que siga o conjunto de recomendações que levam em conta que:

- a iluminação, a ventilação e as cores do local podem interferir na sensação de conforto;
- a existência de ruídos externos pode prejudicar a concentração;

- o frio e a escuridão podem afetar a produtividade;
- a presença de móveis que não contribuem para o conforto físico podem gerar estresse no organismo humano;
- o preparo pessoal (alimentação, ausência de cansaço etc.) influencia de forma decisiva no rendimento do aluno;
- é necessário um espaço destinado a guardar todos os materiais necessários: livros, materiais de pesquisa diversos etc;
- a melhor posição corporal a ser utilizada pelos estudos é aquela que deixa o aluno confortável: deitado, sentado, em frente ao computador etc.

A partir dessas recomendações, podemos convencionar que, como regra geral, o ambiente deve ser fresco, arejado, bem iluminado, silencioso e que isole o aluno de possíveis distrações. Se não dispuser de espaço hábil em casa, a pessoa pode procurar espaços abertos disponibilizados por escolas que dispõem de horários ociosos nos períodos da tarde e algumas no período da noite.

Estudar em ambientes desconfortáveis é improdutivo e pode provocar um nível de estresse capaz de levar o aluno à desistência de seu programa de educação. Assim, o uso de bibliotecas estaduais e municipais, ou da própria instituição de ensino, pode ser uma boa alternativa.

Todas essas colocações ressaltam a preocupação que as instituições de EaD apresentam com o bem-estar do aluno, visto que ele é o centro do processo de ensino e aprendizagem. Você tem muito a lucrar com essa adequação ao seu espaço de estudos. Saber exigir condições ideais de ensino e aprendizagem das instituições de ensino é importante, mas você também deve se preocupar com as atitudes que toma com relação ao seu conforto para desenvolver o ato da aprendizagem.

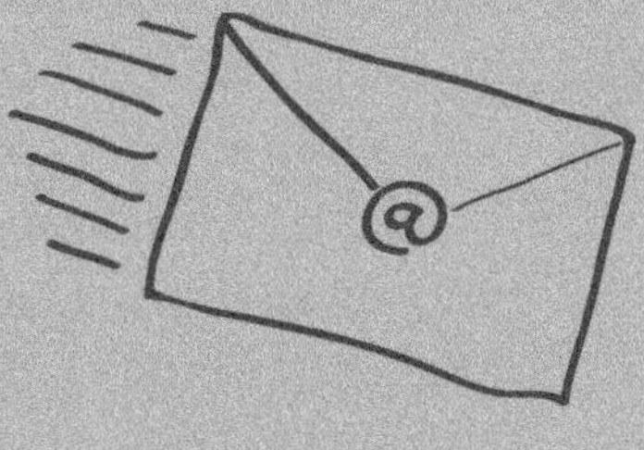

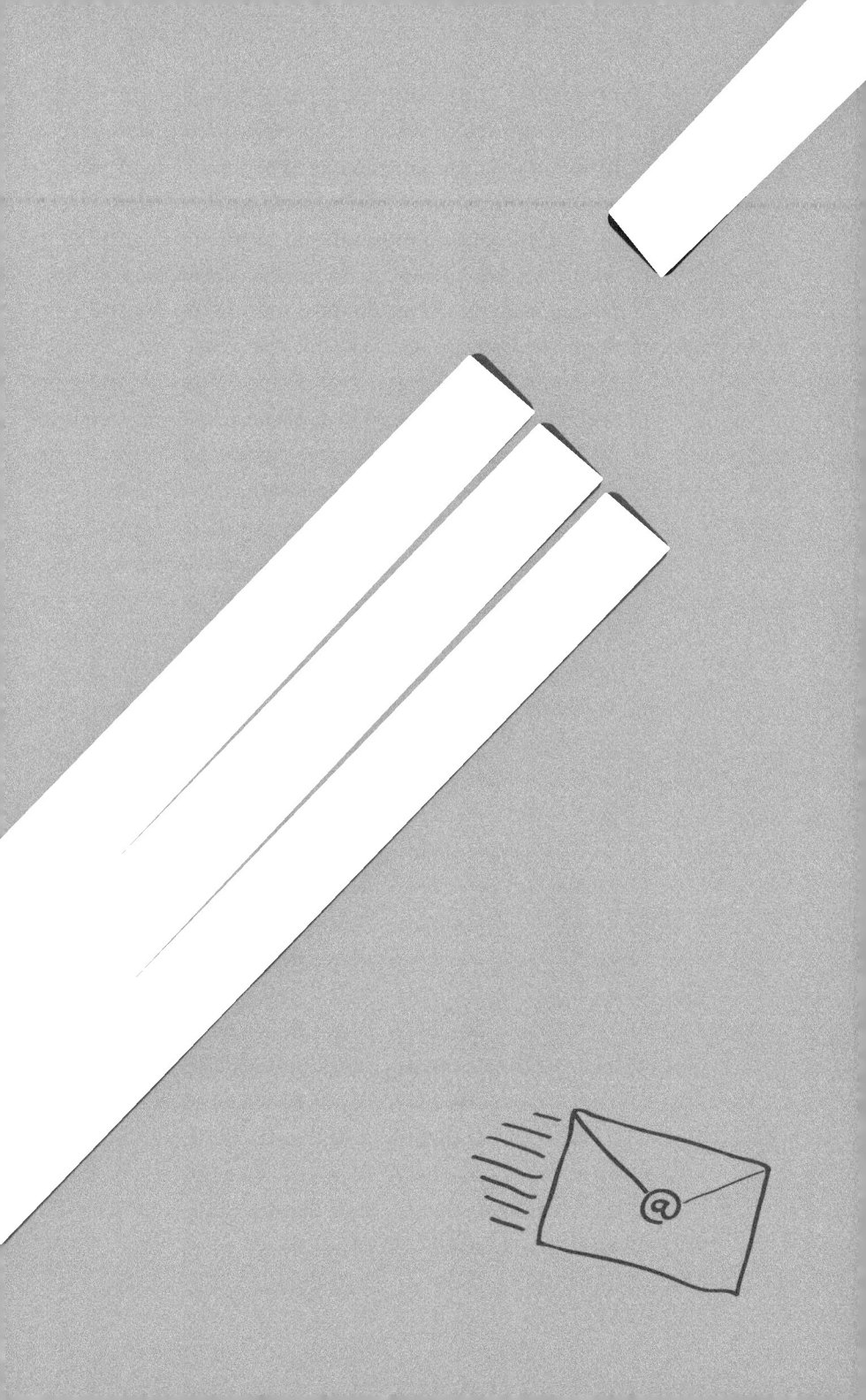

Chegamos a um ponto do estudo que representa o desafio de muitos educadores preocupados com o que observam na chamada *geração de nativos digitais* (Mattar, 2010; Prensky, 2010). A razão para essa preocupação é o desencanto que se observa na relação entre professores e alunos em diferentes ambientes de aprendizagem (apesar de ser uma realidade menos observável nos ambientes virtuais de aprendizagem – AVAs).

Um relacionamento que antes se revestia de uma aura de certo encantamento agora está cercado pelo medo, pelo desinteresse, pelo tédio e por outras sensações que em nada contribuem para o processo de ensino e aprendizagem ser eficaz.

Há razão para isso? Pesquisas desenvolvidas por Souza (2013) levam a concluir pela validade da afirmação. A geração digital, tida como aquela nascida a partir da década de 1990, não encontra mais motivação para entrar nas salas de aula tradicionais e, quando se entusiasma para entrar nas salas de aula virtuais, encontra em algumas delas a reprodução do que ocorre no ensino presencial. Os nativos digitais não têm mais paciência para desempenhar o papel de ouvintes passivos de um reprodutor de conhecimentos, postura ainda adotada por alguns professores.

As atrações existentes fora da sala de aula que permitem ao aluno obter informações e transformá-las em conhecimento são muitas. Os computadores, os *video games*, a internet e alguns programas de televisão proporcionam entretenimento e lazer de fácil acesso.

Cada vez mais, os professores encontram dificuldade para atrair a atenção dos alunos e despertar neles o prazer de estudar, ainda que possamos observar atividades lúdicas no ambiente escolar das séries iniciais, bem como novas descobertas que mantêm o interesse das crianças. A educação de jovens e adultos, por sua vez, torna-se algo sem interesse, sem nenhum aspecto lúdico e enfadonha do ponto de vista dos alunos.

A atividade de ensino e aprendizagem se torna pragmática e monótona. Quanto menos ligada aos interesses pessoais e profissionais ela demonstra ser, mais e mais pessoas se afastam dos estabelecimentos tradicionais de educação, que ainda mantêm, graças à intervenção dos órgãos reguladores da educação em nosso país, a autoridade de certificação.

Se as coisas continuarem nesse ritmo, a autorização de certificação terá de ser aberta a instituições com características diferentes das apresentadas nas instituições de ensino, pois, aos poucos, o seu conceito como instituição respeitada pela sociedade despenca no pensamento das pessoas. Não há como contestar: os resultados referentes às classificações das escolas públicas demonstram a deterioração da imagem desses estabelecimentos. Essa é a conclusão de uma pesquisa recente desenvolvida pelo jornal *O Globo* (citado por Todos pela Educação, 2011).

Não há como não enxergar esse fato. Muitas escolas não estão minimamente preparadas para receber os alunos egressos dessa realidade diferenciada, marcada pela velocidade das informações e das mudanças que ocorrem a cada minuto.

O que se vive na sala de aula não é a efervescência social, mas uma volta ao passado, com transmissão de informações – algumas sem validade alguma e outras cujo interesse não supera o mero registro histórico, que não leva o aluno ao conhecimento. Os alunos são obrigados a seguir um programa de conteúdos que não mais está de acordo com a sociedade na qual vivem.

A escola cada vez mais se cerca de muros e fossos que a separam da sociedade. Alguns professores, contaminados por esse desencanto demonstrado por parte dos alunos, desmotivam-se e não conseguem conferir uma roupagem mais atual aos conhecimentos. As aulas não são mais motivadoras. Os docentes são obrigados a desenvolver conteúdos previstos em diretrizes curriculares e não demonstram interesse em mudar, ou não têm apoio da instituição de ensino para tanto, pois esta se preocupa apenas em cumprir metas legais.

De acordo com Alves (1995), não são mais estabelecidos laços afetivos na escola, o que é preocupante, pois eles são necessários para que a motivação dos alunos seja constante. Sem a estimulação desse aspecto emocional, cada vez mais observaremos a queda do relacionamento entre alunos e professores.

As disciplinas precisam adquirir um novo revestimento que dê sentido àquilo que o aluno aprende em sala de aula. O mundo real, o mundo do trabalho e o mundo do entretenimento devem ser trazidos para dentro da sala de aula, não importa onde ela esteja. Nas salas de aula virtual, essa preocupação pode ser observada, mas ainda há casos em que a reprodução de alguns comportamentos comuns nos ambientes tradicionais não contribui para a melhoria da recepção dos conteúdos pelos alunos e para seu empenho na aprendizagem.

Educar igualmente a todos é algo cada vez mais impraticável, principalmente nos ambientes centrados no aluno, onde suas vontades devem ser atendidas. Os ambientes de ensino atuais preveem o acompanhamento praticamente individual de cada aluno no desenvolvimento de suas atividades, com respeito ao seu ritmo de aprendizagem e à sua capacidade de educabilidade cognitiva. Imposições por parte da direção das escolas fazem com que professores aceitem solicitações cada vez mais absurdas e descabidas, o que lhes retira, por outro lado, o interesse em inovação. Fonte (2011) traz uma proposta de desenvolvimento de novos projetos pedagógicos que venham a eliminar o ranço dos projetos atualmente aplicados nas escolas. No entanto, muitas vozes ainda caem em face do desinteresse político em mudar a situação do encaminhamento do ensino nas instituições tradicionais.

A evolução da formação dos professores referente ao desenvolvimento de trabalhos mediados tecnologicamente se mostra cada vez mais necessária. As recomendações são colocadas em diversas chamadas dos órgãos reguladores da educação, mas esses apelos não encontram eco em várias instituições de ensino e os gastos com atualização não cabem mais no bolso dos professores, principalmente daqueles que se lançam em iniciativas independentes em EaD.

Em virtude desse cenário, os alunos sentem-se desassistidos e acabam tendo de reencontrar esse encanto por si próprios. O que a maioria dos estudantes tem feito para fugir desse estado de coisas é correr para o ambiente em rede, encontrar sua turma, participar de alguma tribo perdida na comunidade global e correr o risco de algumas vezes cair na alienação geral natural de algumas redes sociais.

Você pode perguntar: "Como recuperar o encanto e o prazer de estudar?". Um dos primeiros passos é saber as motivações que o levam a estudar e o que está estudando. Ribeiro (2009), em um ensaio que resultou em sua obra, apresenta algumas considerações que você deve levar para o seu planejamento de aprendizagem:

- transforme o ato de estudar em algo prazeroso;
- evite qualquer tipo de desconforto que impeça que a atividade de ensino e aprendizagem ocorra; se observar algo dessa natureza, converse com os professores e coloque para eles suas impressões e sensações;
- procure apoio em suas redes sociais e de relacionamento;
- utilize comunidades de prática; se estas não existirem, procure criar uma e reunir alunos em seu entorno;
- descubra a importância da escola e dos estudos em sua vida;
- organize-se e tenha um bom ambiente de estudo (veja capítulo anterior);
- descubra a maneira de estudar que lhe traz maior retorno e a desenvolva;
- descubra e aceite a eficiência da rotina nos estudos.

Fonte: Adaptado de Ribeiro, 2009.

Observe que parte da responsabilidade foi colocada inteiramente sobre você. O acompanhamento dos especialistas, principalmente dos tutores, completa uma nova visão de responsabilidade compartilhada pela efetivação do processo de aprendizagem. Como a área da educação carece de vontade política para atuar na mudança de atitudes e comportamentos dos professores, haverá ocasiões em que você mesmo, com seu interesse em aprender, poderá mudar seu rendimento e acabar por influenciar os professores a enxergar que a falta de interesse e motivação destes não afeta somente a eles próprios, mas pode decidir o futuro de diversos estudantes que dependem do desempenho de tutores e orientadores para obter melhor aproveitamento nos estudos.

Independentemente de você ser ou não professor, analise o texto deste capítulo como se o fosse. Questione se as colocações apresentadas nesta parte da obra são justificadas e relacione possíveis atitudes que permitam a recuperação da vontade política para que a formação docente destinada aos ambientes enriquecidos com a tecnologia digital seja efetivada com qualidade.

As técnicas de estudo são investigadas há muito tempo e, ainda assim, não se chegou a um consenso sobre algum conjunto de recomendações funcionais. Isso acontece porque, em primeiro lugar, é preciso valorizar o professor e fazer com que ele volte a se sentir importante na vida do aluno. Desempenhar tarefas profissionais sob a luz da desconfiança não é uma tarefa fácil.

Blogs

Se você é professor, já deve ter ouvido, em algum momento de sua vida, uma colocação que é repetida em muitos ambientes de sala de aula, a qual é proveniente de um dos educadores mais respeitados nos meios acadêmicos, sem que nunca tenha sido pedagogo (ele era psicólogo). Em suas obras, esse pensador, Jean Piaget, afirma de forma inequívoca: não há educação sem emoção.

Analise, tendo como base sua forma de aprender, a validade da colocação efetuada na última frase do primeiro parágrafo deste capítulo. Registre sua opinião em seu diário de bordo.

Não foram poucos os educadores que já se questionaram se a educação pode ocorrer na ausência de afetividade, de emoção e de interação entre os participantes do processo de ensino e aprendizagem. Em praticamente todos os resultados publicados, aos quais tivemos acesso, as respostas constituem uma opinião unânime: a frase creditada à Piaget tem sua razão de ser. Se a educação vier a ocorrer sem esses elementos citados, ela certamente representará um fato fortuito, incentivado por um elevado grau de interesse e motivação do aluno. Em condições normais, a resposta em todos os casos confirmaria a afirmativa de Piaget.

Em Delors (1998), essa afirmativa está praticamente impregnada em todo o texto. Assim, é importante que você compreenda a influência do pensamento do psicólogo suíço, que aponta para a necessidade de uma relação de afetividade entre o professor e o aluno e, se possível, entre os participantes do ambiente como um todo, principalmente nos grupos.

A afetividade parece ser o caminho mais indicado para a ocorrência da aprendizagem significativa, proposta por Ausubel: uma aprendizagem que diz alguma coisa para o aluno, tanto em relação à sua vida pessoal como no que se refere à sua vida profissional. De acordo com o pensador americano (citado por Bruini, 2013), sendo possível a interação de um novo conhecimento com aquilo que o aluno já sabe, tem-se um forte ponto de ancoragem para novas ideias, o que pode (e deve) ser aproveitado em benefício do aluno.

Se em seu programa de estudo você observar que está sendo dada prioridade ao conhecimento, e não à afetividade, sugerimos que interfira de forma vigorosa para que a perspectiva seja alterada, pois essa é uma das características da educação tradicional, a qual, neste ponto da obra, você deve ter percebido que não tem funcionalidade na sociedade contemporânea.

Será que todos os professores agem assim por desconhecimento da importância do fator *afetividade*? Acreditamos que não. A maioria dos profissionais tem consciência desse fato e somente não lhe dão a devida importância por menosprezarem a influência dessa relação de afetividade para a atividade de aprendizagem. Muitos desses instrutores querem apenas se desincumbir de suas tarefas e retornar ao seu mundo particular.

Não é por falta de avisos e recomendações. O relatório de Delors (1998), efetuado para a Unesco, por exemplo, foi colocado em domínio público e disponibilizado a qualquer professor que o deseje. O fator afetivo-emocional está colocado como um dos pilares para a educação do futuro. Leva-se em consideração que a criança e, por extensão, o jovem e o adulto necessitam ser entendidos e sentir prazer para que a educação ocorra em um nível completo.

A fim de ensinar e tornar a atividade prazerosa, o professor deve compreender as necessidades dos alunos e, em particular, da nova geração de nativos digitais, a qual enfrenta uma sociedade complexa e não tem a mesma experiência do professor em superar os problemas e desafios que ela impõe. Enquanto o professor não enxergar o aluno como o outro que necessita de seu apoio, o processo de ensino e aprendizagem se tornará cada vez mais difícil.

A paixão de aprender (do aluno) acompanha a paixão de ensinar (do professor). Quando essa condição é preexistente, o compartilhamento de afeto e a consequente produtividade na atividade de ensino e aprendizagem é possível.

Não será com aulas repletas de conteúdos que as coisas acontecerão. Não é também falando para os alunos como uma plateia desatenta que o professor interessado irá obter algum resultado mensurável. Se do professor é exigida determinada postura, você, na qualidade de aluno, também deve ter consciência da necessidade de participação ativa em seu processo de aprendizagem. Não há professor que consiga ensinar o que quer que seja a alguém que não quer aprender.

A construção do saber do aluno é coletiva, na qual o docente participa como o arquiteto da obra, cujo engenheiro (o aluno) constrói ao adquirir os conhecimentos que determinado processo educacional transmite de forma clara e inequívoca.

A afetividade transforma os seres humanos em pessoas melhores. Então, por que ela não pode ser utilizada de modo integral na educação? Assim, era de se esperar que a escola, como estabelecimento onde o ser humano deveria ser conhecido, aplicasse ações e comportamentos que transformassem a massa de trabalho que ela tem em mãos em um molde acabado e perfeito, e não obras inacabadas, que ainda tem de ser trabalhadas.

Todos esses sentimentos existem já há muito tempo, desde um período em que a tecnologia digital não existia e não mediava o contato entre os professores e os alunos. Com o advento desse recurso, a ausência de encontros presenciais face a face adicionou complexidades inesperadas que dificultam a consolidação da afetividade.

Se nos encontros presenciais não conseguimos obter o mesmo nível de afetividade, a observação da reação dos alunos em diversos cursos que foram objeto de observação para a composição deste material mostrou ser possível, com o aumento do volume de interações e da qualidade destas, fazer com que ainda exista a possibilidade de criar nos cursos de EaD um clima afetuoso característico do ambiente presencial. No entanto, não podemos negar que, na virtualidade, essa perspectiva exige muito mais do professor, ainda mais porque, em muitas ocasiões, o aluno tem mais de um orientador designado a acompanhar a evolução de seu processo, o que diminui a força da ligação estabelecida entre o professor e o aluno.

A afetividade envolve também questões de autoestima. O aumento desta está relacionado ao aumento da confiança do aluno, tanto em si próprio como nos companheiros. Os trabalhos desenvolvidos em grupos de alunos com bom aproveitamento mostraram resultados diferenciados. O ser humano não aprende sozinho, mas com o outro; para ter um bom relacionamento com esse outro, a afetividade é necessária.

Todo o conteúdo apresentado até este ponto do texto se refere à interação social. Não importa se no ambiente presencial ou não presencial, com maior ou menor dificuldade, ela pode acontecer. É condição necessária, mas não suficiente. Essa interação deve estar permeada pela afetividade.

Nos dois extremos, a sensibilidade deve estar presente. Para o professor, ela irá auxiliá-lo a conhecer melhor seu aluno. Para o aluno, ela lhe dará consciência da importância em receber suas orientações e se empenhar a fim de que essa atividade conjunta tenha sucesso.

Quando se fala em *conhecer o aluno*, é necessário conhecer suas dificuldades, seus medos, seus traumas e seus desejos. Como o professor pode conhecer essas especificidades se o aluno se comportar como uma ostra, não revelando nada sobre os seus sentimentos? Entra, nesse momento, a necessidade de que você tenha confiança no professor. Em primeira análise, ele está ali para ajudá-lo a superar suas dificuldades.

A partir do estabelecimento do laço afetivo, as expectativas de ambos os lados podem ser atingidas com maior facilidade. É preciso, entretanto, que você, como aluno, desenvolva um processo de comunicação diferenciado com seu professor.

Analise o relacionamento que você desenvolveu com seus professores ao longo da sua vida estudantil. Se sua relação foi marcada pela afetividade, relate como essa realidade o ajudou em momentos de dificuldade.

Talvez pareça que o conteúdo deste capítulo, até este ponto do texto, é dirigido a crianças, à educação infantil, mas não é esse o caso. Tudo o que foi apresentado se aplica a todos os estudantes, independentemente do nível e do estágio de formação.

É claro que algumas colocações parecem mais aplicáveis a crianças do que a jovens e adultos. Em diferentes níveis, as dificuldades de aprendizagem podem ser as mesmas, e é possível que a necessidade de apoio seja menor à medida que a pessoa evolui, mas se acredita que ela sempre existirá, em maior ou menor intensidade.

É fundamental a sua compreensão sobre a importância da afetividade no processo de ensino e aprendizagem e sobre a reciprocidade nas relações entre alunos e professores. Nada acontece apenas pelo esforço de um dos lados. As ações devem ser equilibradas; portanto, a troca deve acontecer.

Para que essa dinâmica ocorra, é necessário que professor e aluno estabeleçam uma relação de afetividade. Quando ela acontece, as duas partes demonstram que estão interessadas uma na evolução da outra. Se o aluno aprende com o professor, o professor aprende com o aluno.

Quando um relacionamento educacional está fundamentado na compreensão mútua da influência da afetividade, tem-se meio caminho andado para que a atividade de ensino e aprendizagem tenha sucesso. A união entre aprendizagem, afetividade, razão e emoção conduz a resultados satisfatórios para todas as partes envolvidas.

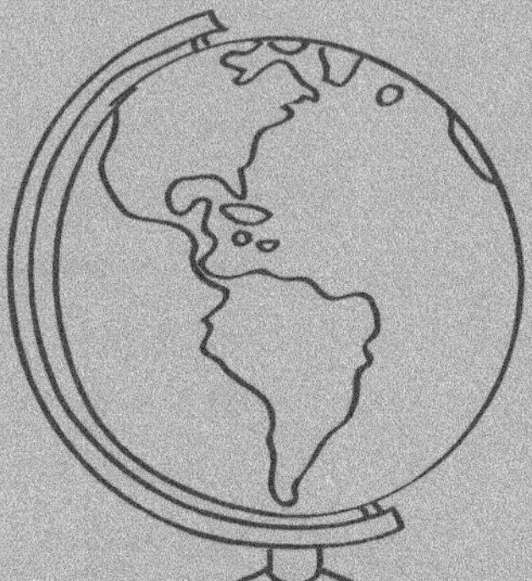

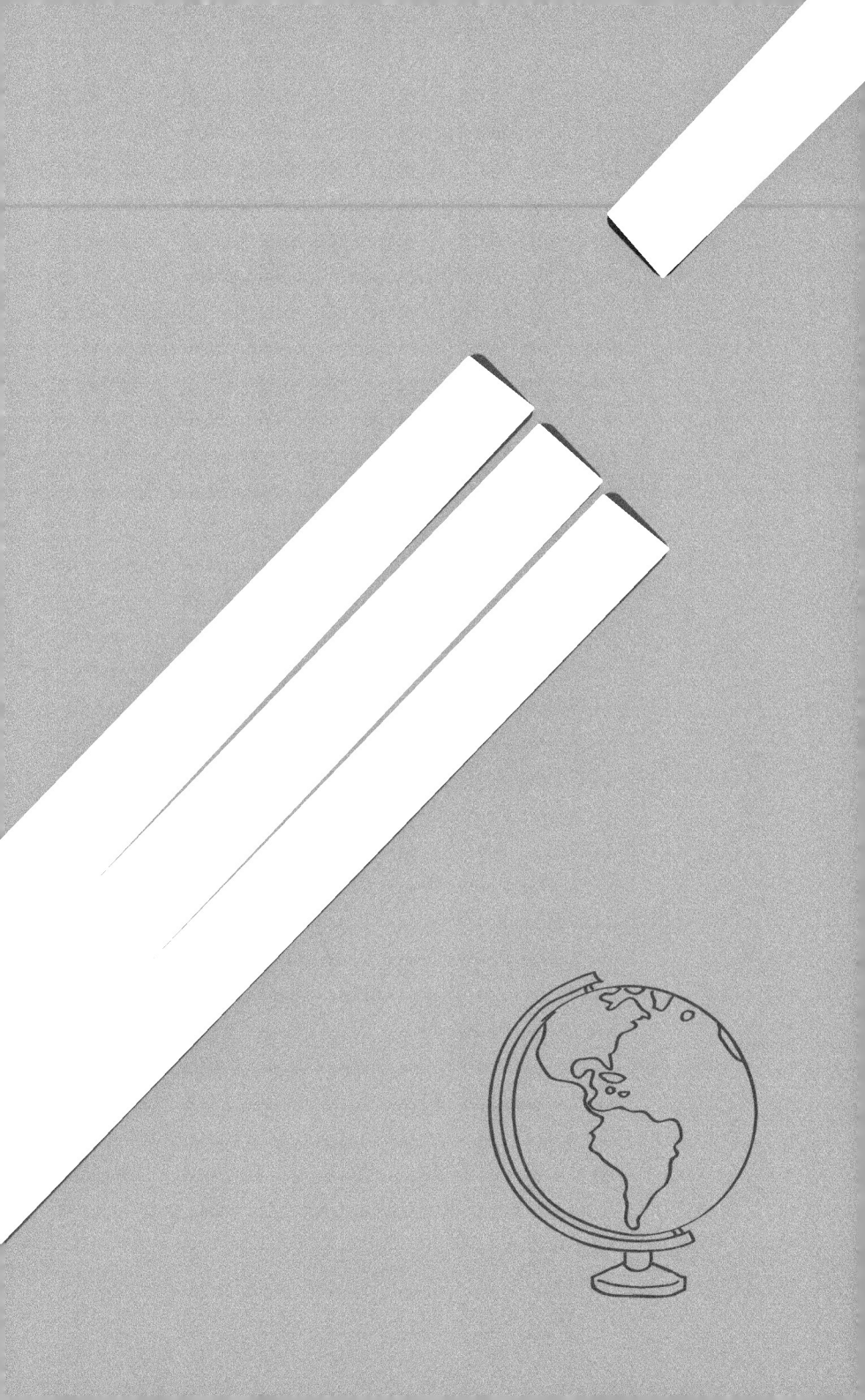

O erro, em qualquer circunstância, sempre resulta em receio de realizar coisas. É algo que acontece quando o indivíduo efetua alguma ação sob pressão. Se o uso da tensão pode ser motivador em alguma situação, com certeza não o é no desenvolvimento de atividades que envolvem ensino e aprendizagem.

Luckesi (2002) considera que o erro não é fonte de castigo, mas suporte para o crescimento. Seria muito bom se assim fosse em todas as iniciativas desenvolvidas nos ambientes educacionais, mas a realidade é bem diferente. Werneck (1999, 2002), por exemplo, já questionou não somente a existência de provas, mas também seu efeito maléfico quando utilizada como elemento de punição ao aluno.

O medo do insucesso tem como consequência direta a eliminação da criticidade e da criatividade do aluno, aspectos provocados por qualquer que seja a medida coercitiva colocada no ambiente, quando o estudante sai do ambiente escolar. Desse problema resultam severas críticas do mercado corporativo ao aluno recém-saído dos bancos escolares, pois ele não dispõe dessas competências e habilidades tão desejadas pelo mercado.

Importante enfatizar que o erro é um índice fundamental para a avaliação de vários aspectos do processo de aprendizagem do aluno. É por meio do erro que os orientadores e o especialista poderão identificar o que o aluno já sabe, o que ele aprendeu e o que ele poderá vir a aprender, desde que vencidas certas dificuldades iniciais que fazem com que o aluno apresente uma série de pequenos bloqueios.

Essa perspectiva justifica, sem vacilo, a adoção de uma postura compreensiva em relação aos erros do aluno: é necessário que ele repita processos até que consiga superar a avaliação, não mais como uma barreira intransponível, mas como mais um elemento do qual o aluno pode se valer para avaliar sua evolução no processo de aprendizagem.

Torre (2007) afirma que o erro é um dos principais articuladores de novos saberes. Pessoas que não têm o medo de errar, por não estarem sujeitas a nenhum processo castrador do senso crítico ou da criatividade, costumam apresentar tais competências em maior nível.

É necessário, independentemente da concepção pedagógica utilizada no ambiente de aprendizagem, evitar que esse medo se estabeleça. Assim, é importante que você, como aluno, evite esse sentimento e considere que a avaliação pode ser um instrumento de aprendizagem possível de ser utilizado a seu favor. Ao pensar dessa forma, você tem a oportunidade de utilizar uma nova metodologia: o uso do erro como um processo de construção do conhecimento.

A possibilidade de utilizar o erro como instrumento de autoavaliação foi verificada com os alunos observados na pesquisa desta obra: todos futuros professores, ou seja, com as mesmas perspectivas que você tem sobre a funcionalidade de novos conceitos. Mais uma vez, comprovou-se que aqueles que mais participavam do ambiente de forma proativa apresentaram os melhores resultados por não terem medo de errar.

Analise seu comportamento e seu desempenho diante de atividades de avaliação e sua reação com relação ao erro. Se estiver realizando algum curso em ambientes enriquecidos com a tecnologia digital, discuta com sua comunidade de prática o resultado de seu trabalho.

A observação da dinâmica dos participantes da pesquisa nos permitiu verificar que, para alguns alunos, a ocorrência de erros pode desencadear transtornos de diferentes níveis, mas sempre prejudiciais ao desempenho do aluno, inclusive motivando, em alguns casos, a desistência do curso. Ver um aluno desistir na primeira dificuldade não é algo agradável para nós, professores.

Muitas vezes, o erro, em virtude da pressão que se exerce sobre ele, pode desencadear transtornos de aspectos psicossociais, afetivos e emocionais, que são destacados neste material como fatores importantes para sua ação e prática como aluno eficaz.

Existem alguns casos mais radicais em que a coerção não é proveniente de imposições do ambiente, mais simples de combater, mas de questões de foro íntimo do aluno, difíceis de se eliminar e que podem apresentar consequências devastadoras. Nesse caso, somente o próprio aluno é capaz de resolver o problema e lembrar que, em ambientes enriquecidos com a tecnologia digital e centrados no aluno, é o estudante que tem condições de exigir determinado grau de flexibilidade com relação ao erro.

É preciso que você não se deixe abater e saiba que a grande maioria das pessoas que não conseguem superar esse problema não chega ao fim do curso. Aquelas que adotaram uma aceitação do erro como caminho de aprendizagem tiveram mais sucesso nos resultados obtidos.

Temos observado que, nas ocasiões em que o erro é considerado como fonte de aprendizagem, conforme relatado pelos próprios alunos, torna-se possível viabilizar um caminho novo de descobertas para o aluno. Pudemos observar nos indivíduos envolvidos na pesquisa que esse desprendimento em relação ao erro traz um novo prazer de saber e fazer.

Considerando que muitos educadores ainda não se valem do erro para iniciar novas práticas educativas que promoveriam uma aprendizagem significativa, chegamos a uma questão-problema a ser pesquisada: em que medida o erro de uma criança pode ser aproveitado na construção de sua aprendizagem?

Demo (2001) apresenta um estudo com grande suporte teórico no qual analisa o comportamento de alunos em processos de avaliação. O autor chega à conclusão de que é errando que as pessoas aprendem. No referido texto, é evidente a crítica do educador ao fato de a avaliação ser utilizada como fonte de castigo, pois ela deveria ser entendida como um suporte para compreensão. Todos esses destaques visam a convidá-lo a adotar a perspectiva de enfrentar o erro com esse estado de espírito. Portanto, não perca mais tempo com a preocupação de que errar pode colocar a perder qualquer proposta em andamento.

Se você constatar que a pressão sobre o erro ocorre no ambiente em que desenvolve sua atividade de aprendizagem, discuta com os responsáveis e busque apontar os desvios de um enfoque com essa característica, mostrando como ele pode ser prejudicial a você e a outros alunos. Sua participação em ambientes centrados no aluno lhe confere a liberdade de determinar a forma como quer ser avaliado.

Pode parecer um incentivo à desobediência, mas é apenas a confirmação do direito que você tem de manifestar livremente sua opinião. A perspectiva equivocada a respeito do erro chegou a ser utilizada no ambiente observado por parte de alguns professores, mas os desvios logo foram corrigidos – alguns deles por sugestão do próprio aluno.

Em momento algum deste trabalho recomendamos que os erros sejam ignorados, porque essa conduta nos levaria a outro extremo, pois nenhum benefício se poderia extrair da existência de um processo de avaliação que não seja rigoroso. Apenas entendemos que ele não deve ser punitivo.

É na repetição do erro que podem ser eliminadas algumas arestas importantes no perfil psicológico de um aluno. Essa é a visão que você deve ter do processo educacional, não desistindo na primeira tentativa. Quando se retoma determinado caminho, um conjunto de novas alternativas pode ser levado em consideração. Para facilitar essa atitude, sugeriu-se no ambiente analisado para esta obra que a abordagem pedagógica adotada fosse baseada em problemas. A proposição de problemas abertos que admitem mais de uma solução e assumem o contexto e a própria experiência anterior do aluno, que apresentam diversas soluções como aceitáveis, pode tornar a questão de avaliação mais subjetiva, com ganhos com relação à adoção de questões objetivas para avaliação da aprendizagem.

É seu direito exigir que, durante o processo de acompanhamento de seu desenvolvimento, o foco não se dê em seus índices, mas em suas causas, que podem estar no próprio ambiente. É um processo de construção mais recomendado.

Observe que novamente é conferida ao aluno a responsabilidade de construir um ambiente enriquecido com a tecnologia digital que atenda às suas necessidades da maneira mais completa possível, ou seja, um ambiente flexível, que se adapte a alunos com diferentes características pessoais, diferentes formas de aprendizagem e diferentes ritmos de assimilação.

Conferir ao aluno a possibilidade de desenvolver sua atividade de ensino e aprendizagem como achar mais apropriado, além de incluir liberdade na escolha de conteúdos, eixos temáticos a serem estudados, entre outras características, parece ser a tônica do comportamento da maioria dos ambientes enriquecidos com a tecnologia digital, bem como uma exigência considerada cabível. Em face dessa situação, não há por que você não exigir a adequação dos procedimentos do ambiente às suas características pessoais.

Alertamos, no capítulo anterior, para a importância da afetividade. Há diversas circunstâncias nas quais os alunos enfrentam situações de crítica. Normalmente, elas caracterizam a avaliação punitiva. Nesse caso, verifica-se um clima de agressividade e distanciamento entre aquele que avalia e aquele que é avaliado. O resultado pode ser a perda de importância de qualquer vitória que se tenha conseguido no que se refere à consolidação da afetividade no relacionamento entre o professor e o aluno. Esse é um cuidado muitas vezes ignorado e cuja validade deve ser posta no ambiente pelo aluno.

É clássica a posição de Perrenoud (2001) em suas considerações, quando reconhece que a pessoa tem o direito de errar para que possa evoluir. Ninguém aprende sem errar. Errando, reflete-se melhor sobre o problema e sobre as ações usadas para resolvê-lo.

À luz dessas considerações efetuadas neste capítulo, você deve se conscientizar não somente da adoção de um posicionamento favorável à admissão do erro, mas também da necessidade de exigir que essa perspectiva seja adotada no ambiente de aprendizagem.

Muitas das sugestões de comportamento apresentadas neste capítulo visam orientá-lo no sentido de que você mude características do ambiente quando essas especificidades não estão de acordo com o que você considera adequado para desenvolver os seus estudos. Questione esse posicionamento e manifeste sua concordância ou discordância utilizando algum referencial que dê sustentação às suas afirmativas.

Não basta que você enfrente o seu próprio medo do erro; você deve ser uma pessoa determinada a evitar qualquer ambiente onde a coerção possa impedi-lo de conhecer as razões que o levaram a errar. O simples ato de apontar o erro, por ele se desviar de alguma resposta objetiva esperada, nada tem de avaliação.

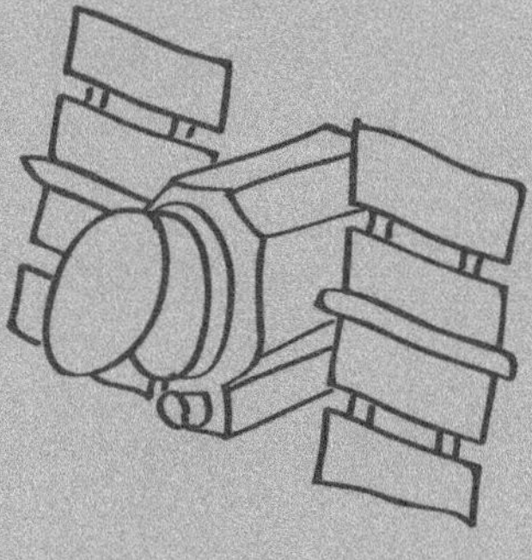

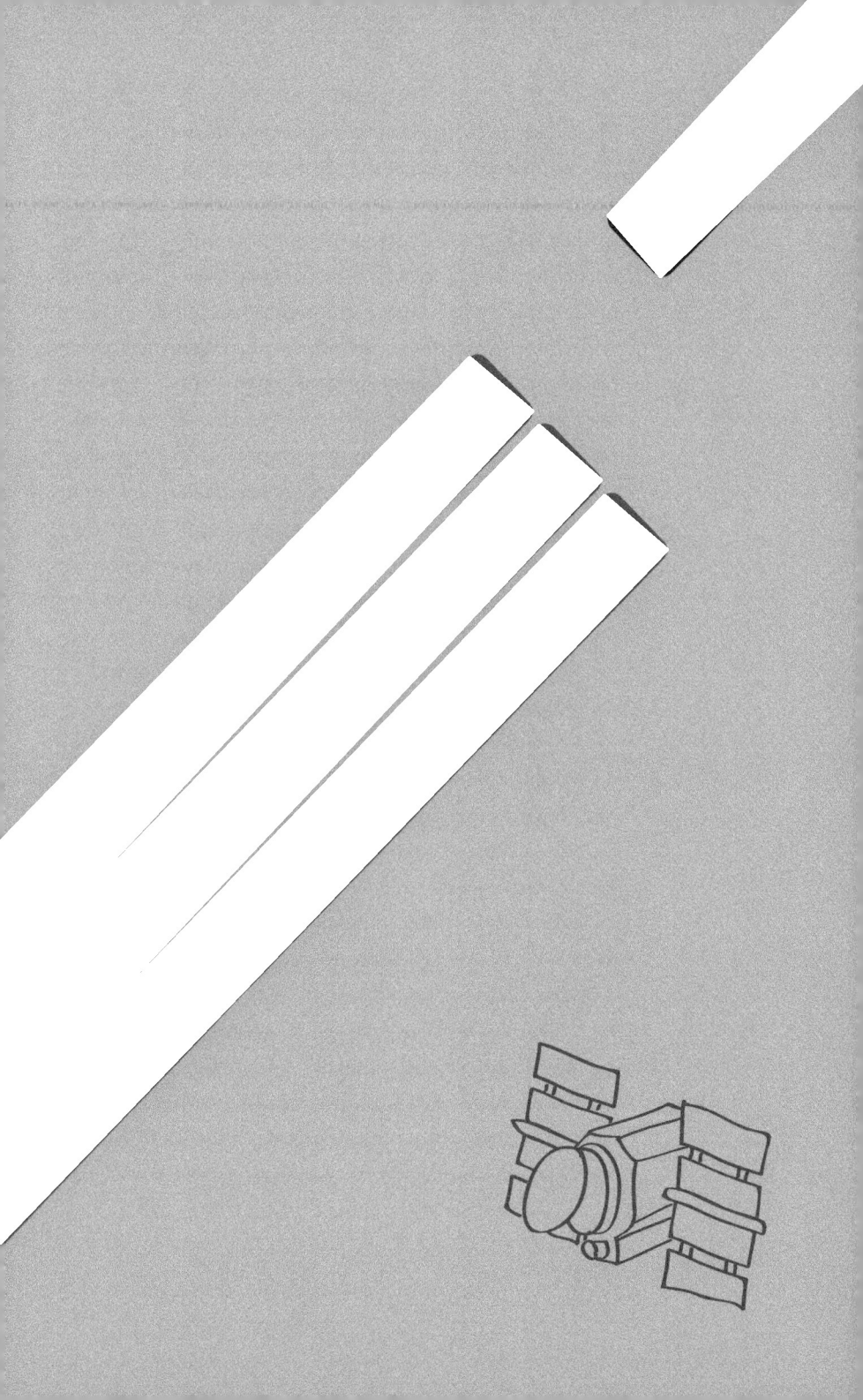

Parece ser uma opinião dominante no meio acadêmico que existe, principalmente quando se trabalha no ambiente enriquecido com a tecnologia digital, a necessidade de saber como o aluno aprende, ou seja, qual é seu estilo de aprendizagem. Ao especificar as características de aprendizagem de seu público-alvo, as instituições podem adaptar seus cursos a essas características e produzir melhores resultados ao desenvolver os trabalhos com alunos eficazes. Quebra-se o paradigma do "aluno médio" – um aluno imaginário, criado como se todos os componentes do público-alvo aprendessem como esse aluno aprende; é também chamado de *aluno-padrão*, *aluno-ideal*, considerado o aluno da classe dominante, paradigma ainda não superado por muitos programas oferecidos aos alunos. Concordamos com Brito (2008) quando ressaltamos o erro de se considerar que todos os alunos são iguais e tratá-los como se fossem homogêneos, como se tivessem o mesmo ritmo de aprendizagem. Esse não é o perfil do aluno encontrado nos ambientes educacionais.

Ao conhecer diferentes maneiras de aprender, torna-se mais clara e efetiva a necessidade de criar programas de curso que possam atingir o objetivo de ensinar adequadamente aos seus alunos, levando em conta os perfis de aprendizagem e, portanto, evitando a sobrecarga cognitiva no aluno. A flexibilidade no ambiente passa a ser desenvolvida com conhecimento de qual conjunto de atividades será mais bem recebido pelos alunos. Essa personalização exige, em contrapartida, um volume de trabalho que muitas instituições de ensino não estão dispostas a remunerar no ambiente enriquecido com a tecnologia digital. A falta de uma remuneração condizente com as atividades desenvolvidas pelo docente é uma das justificativas para que muitos docentes não desenvolvam esse trabalho complementar, que seria de elevado interesse do aluno.

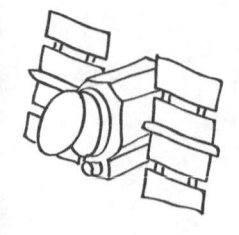

Entre as vantagens de avaliar e classificar os perfis de aprendizagem dos alunos, dividir os grupos de trabalho de forma homogênea consiste em um dos resultados mais importantes. A possibilidade de orientar o aluno para que ele aprenda a desenvolver seu processo de estudos de acordo com suas características é outro aspecto de destaque. Enfim, os benefícios que podem ser auferidos são inúmeros.

Manter a classificação de todos os alunos de acordo com os mesmos parâmetros, postura que assume que todos são iguais, traz somente resultados inteiramente dependentes do desempenho individual de cada aluno. É de conhecimento geral o fato de que a escola tradicional pouco ou nada colabora para estimular o aluno a desenvolver o perfil de um solucionador de problemas, crítico, inovador e capaz de tomar decisões rápidas. É exatamente esse o perfil do profissional desejado pelo mercado de trabalho. Assim, escolas com mentalidade inovadora modificam aos poucos seu comportamento, com o propósito de alterar essa situação.

A instituição de ensino e os professores remam contra a maré, apoiados pelos órgãos reguladores da educação em nosso país, que continuam cometendo o erro de não levar em conta a diversidade cultural e o respeito aos diferentes perfis de aprendizagem dos alunos, com respeito ao seu ritmo próprio de aprendizagem e nível de educabilidade cognitiva (o que o aluno tem condições de aprender, de acordo com a sua formação sociocultural).

Vários alunos estão muito além do que os professores consideram o "aluno médio", para o qual é insuportável receber tarefas com excesso de informações ou cuidados na apresentação dos conteúdos, bem como propostas de atividades que não lhe são necessárias. Por outro lado, muitos alunos estão bastante aquém do mesmo conceito, pois apresentam grande dificuldade de aprendizagem.

A criação de "grandes salas de aula", principalmente nos ambientes enriquecidos com a tecnologia digital, não proporciona aos professores tempo para analisar cada aluno de forma isolada. Assim, a perspectiva de mudança torna-se cada vez mais distante. É simples imaginar a dificuldade de adaptar conteúdos para salas com 6 mil alunos. O trabalho é inviável e necessita da colaboração do aluno na efetivação da aprendizagem independente, para a qual muitos ainda não estão preparados.

Faça uma revisão de sua vida escolar, avalie se seu desenvolvimento esteve acima ou abaixo do "aluno médio" e relate as dificuldades que encontrou caso tenha se encaixado em algum dos dois extremos (do aluno aquém da média ou além da média). Se isso não aconteceu, sugira mudanças para que a cada aluno seja dado o ensino na medida exata.

Partindo do que lhe é dado como atividade no ambiente enriquecido com a tecnologia digital, que envolve ler textos digitais, escrever frequentemente para comunicação com outros alunos, acessar constantemente arquivos de áudio (*podcasts* e rádio *web*), assistir a vídeos (*podcasts*, animações e simulações) e realizar atividades independentes ou em grupo e trabalhar em solução de problemas, você sabe que tem de estar preparado.

Nos tópicos seguintes, vamos expor a proposta apresentada nos estudos desenvolvidos por toda uma comunidade de pesquisadores, a qual trata especificamente dos estilos de aprendizagem. Nesses estudos, é possível observar nos ambientes enriquecidos com a tecnologia digital o que comprovamos na observação dos cursos oferecidos pelo Centro Universitário Uninter: alunos que podem ser classificados de acordo com sete estilos de aprendizagem (Learning-styles-online.com, 2013). O estudo está apoiado no que o Institute Learning Styles propõe como um panorama dos estilos de aprendizagem.

De acordo com Learning-styles-online.com (2013)[1], existem sete diferentes estilos de aprendizagem:

1. Visual (espacial): Você prefere estudar fotos, imagens e compreensão espacial.
2. Aural (auditivo-musical): Você prefere utilizar o som e a música.
3. Verbal (linguística): Você prefere utilizar palavras, tanto na fala como na escrita.

---

[1] Tradução nossa.

4. Física (cinestésica): Você prefere utilizar seu corpo, as mãos e o sentido do tato.
5. Lógica (matemática): Você prefere utilizar a lógica, o raciocínio e sistemas.
6. Social (interpessoal): Você prefere trabalhar em grupo ou com outra pessoa.
7. Solitária: Você prefere trabalhar sozinho e usar a aprendizagem independente.

Fonte: Learning-styles-online.com, 2013.

À primeira vista, pode não parecer, mas o conhecimento de seu estilo de aprendizagem tem mais influência do que poderia imaginar em seu processo de aprendizagem. Cada um desses estilos adota uma maneira de representar internamente as experiências, a maneira de recordar a informação e até as formas como você desenvolve a comunicação no ambiente.

O aprofundamento do estudo não será utilizado neste material, mas se recomenda que você acesse os outros artigos.

Esses estudos reconhecem que, em uma classe multicultural, como a que tivemos oportunidade de analisar para a produção deste livro, existem diferentes tipos de pessoas. Cada uma delas tem preferências, técnicas e estilos de aprendizagem distintos, fato que pode ser observado em todas as salas de aula espalhadas pelo mundo, em ambientes presenciais ou não.

Uma segunda constatação das pesquisas citadas se refere ao fato de que aluno algum se encaixa totalmente em nenhum dos estilos de aprendizagem propostos. As pessoas apresentam um estilo dominante, mas podem desenvolver outro, dependendo dos conteúdos estudados, de acordo com seu estado emocional no momento em que desenvolve o estudo ou outras condições externas, provenientes do ambiente.

Não há um padrão para as combinações possíveis, e estas nem sempre ocorrem da mesma forma, mesmo se as condições exatas forem reproduzidas. É importante que você saiba quais são as características dos perfis de aprendizagem. Com esse conhecimento, você será capaz de avaliar, no decorrer de seu curso, qual(is) é(são) o(s) estilo(s) de aprendizagem que mais contribui(em) para o seu processo de estudo.

As abordagens mais recentes que estudam as formas como o aluno aprende não somente analisam o estilo de aprendizagem, mas unem os resultados das pesquisas referentes a esse tema com um estudo complementar das inteligências e, da mesma forma, a determinação da inteligência predominante, que pode não apenas funcionar como uma orientação vocacional, mas também orientar o aluno comum a se tornar um aluno eficiente, justamente a proposta principal de todos os capítulos deste material.

Quando o próprio aluno consegue reconhecer e compreender qual é seu estilo de aprendizagem efetiva, temos o "aprender a aprender" em sua forma total e completa. Se seus professores ou orientadores acadêmicos o auxiliarem nessa tarefa, tanto melhor. Caso contrário, apesar de ser uma tarefa mais trabalhosa, o resultado acaba por premiar seus esforços.

A observação de um ambiente enriquecido com a tecnologia digital, no qual futuros docentes buscavam novas formas de aprender, visando desenvolver a tarefa de criar novas formas de ensinar nesses ambientes, ganha um sentido claro e objetivo: o rendimento do aluno que reconhece seu estilo de aprendizagem é superior.

Complete os estudos efetuados com relação à procura de seu estilo de aprendizagem por meio da leitura de outros textos apresentados no seguinte *site*: LEARNING-STYLES-ONLINE.COM. Disponível em: <http://www.learning-styles-online.com/overview>. Acesso em: 7 nov. 2013.

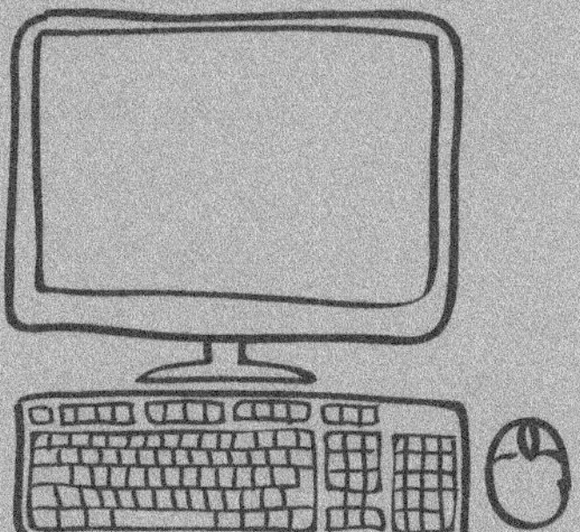

A evolução dos estudos nas áreas da psicologia e da neurologia permitiu a diversos pesquisadores desenvolver estudos sobre a inteligência do ser humano. Entre os estudiosos, o de maior projeção foi Gardner (1995). Na atualidade, são muitos os estudos desenvolvidos visando auxiliar pessoas com problemas de aprendizagem.

Os pesquisadores da área da inteligência convergem para a observação de que, se forem conhecidas e bem utilizadas, suas teorias poderão proporcionar uma aprendizagem mais eficaz ao aluno que recebe as atividades que deve realizar de uma maneira mais adequada às suas características de aprendizagem.

O interesse de vários leitores a respeito do tema manifestou-se logo após a publicação da obra *O estudo em ambiente virtual de aprendizagem: um guia prático* (Munhoz, 2012). O questionamento referente à identificação da inteligência predominante por parte de internautas foi extensivo nas comunicações desenvolvidas nas redes sociais. A existência de uma inteligência predominante no aluno parte do pressuposto de que, em maior ou menor grau, as inteligências descritas por Gardner (lógico-matemática, linguística, musical, corporal-cenestésica, espacial, interpessoal, intrapessoal) compõem a inteligência como um todo.

Essa variedade de inteligências explica em parte a razão pela qual determinada metodologia de ensino adotada não tem aceitação geral. Ela funciona com alguns alunos e é ineficiente com outros, o que somente se explica se considerarmos que cada aluno apresenta características particulares e aprende de forma diferente.

O conhecimento da inteligência predominante é de vital importância, e esse levantamento deveria ser feito logo a partir das séries iniciais, o que acaba não sendo levado em consideração, revertendo-se em prejuízo do aluno. Quando a melhor forma de apresentação de um conteúdo é elaborada, mais fácil é a aprendizagem, mas parece que a importância desse fato ainda não é levada em consideração pela cultura docente e pelas instituições de ensino.

O acompanhamento da flexibilidade adotada por alguns alunos demonstrou resultados significativos na pesquisa que originou este material. A simples mudança da mídia de apresentação de determinado conteúdo e da forma de avaliação acabaram por provocar resultados diferenciados. É possível que esse fato não esteja relacionado diretamente à questão das inteligências diferenciadas propostas por Gardner, mas permite prever que, quando a identificação da inteligência predominante se tornar uma realidade nos AVAs, haverá um aumento de desempenho por parte dos alunos e, por consequência, uma diminuição da evasão nos cursos.

Para que você possa identificar sua inteligência predominante, com ou sem ajuda de testes psicológicos auxiliares, é necessário que esteja de posse de uma definição mais direta e de algumas orientações sobre como cada uma das inteligências funciona. É possível extrair a definição do próprio criador do conceito de inteligências múltiplas, Howard Gardner (1995), quando o autor afirma que a teoria que divulga é um modelo cognitivo que procura descrever como os indivíduos usam suas inteligências para criar produtos ou para resolver problemas. Os estudos desenvolvidos por Gardner (1995) têm como principal objetivo mostrar como a mente humana opera sobre o mundo que a cerca. As inteligências que encontrou são linguística, lógico-matemática, espacial, corporal-cenestésica, musical, naturalista, interpessoal e intrapessoal.

É a partir dessa teoria e da auto-observação que podemos identificar a qual grupo de inteligência é possível relacionar cada um. Uma delas predomina e talvez seja aquela que determine qual a melhor forma de oferecer o processo de ensino ao aluno. Os testes simples de pergunta e resposta imediata podem ajudar, mas os próprios defensores da ideia da utilização da teoria têm dúvidas quanto a seus resultados. Um desses testes pode ser realizado diretamente no ambiente virtual em um guia[1]. Caso você tenha curiosidade, faça o teste do *Guia da Carreira* e analise o resultado; ele poderá ser um primeiro indicativo a se utilizar, mas deverá ser acompanhado mesmo durante o desenvolvimento de suas atividades. Não existe outra maneira mais eficiente.

Como se observar? A orientação mais segura é que você se torne um observador de si mesmo e anote a forma como aprende a solucionar problemas no cotidiano. Em seguida, repita o processo de observação em relação às atividades que desenvolve no ambiente escolar.

Para que você relacione as anotações coletadas com a definição de sua inteligência predominante, é importante que leve em consideração a definição de cada uma delas. Para cada inteligência, valemo-nos do conceito definido por Mota (2013):

- **Inteligência Linguística** – As pessoas que apresentam esse tipo de inteligência têm grande facilidade de se expressar tanto oralmente quanto na forma escrita. Além de terem uma grande expressividade, também contam com um alto grau de atenção e uma alta sensibilidade para entender pontos de vista alheios. É uma inteligência fortemente relacionada ao lado esquerdo do cérebro, sendo uma das inteligências mais comuns.
- **Inteligência Lógica** – Pessoas com esse perfil de inteligência têm uma alta capacidade de memória e um grande talento para lidar com matemática e lógica em geral. Elas se caracterizam facilidade para encontrar solução de problemas complexos, apresentando a capacidade de dividir esses problemas em problemas menores, resolvendo-os até chegar à resposta final. São pessoas organizadas e disciplinadas. É uma inteligência fortemente relacionada ao lado direito do cérebro.

---

[1] MOTA, M. Os 7 tipos de inteligência: de que tipo é o seu cérebro? Guia da Carreira. Disponível em: <http://www.guiadacarreira.com.br/artigos/auto-conhecimento/7-tipos-de-inteligencia>. Acesso em: 12 jul. 2013.

- **Inteligência Motora** – Pessoas com esse tipo de inteligência apresentam um grande talento em expressão corporal e têm uma noção espantosa de espaço, distância e profundidade. Têm um controle sobre o corpo maior que o normal, sendo capazes de realizar movimentos complexos, graciosos ou então fortes com enorme precisão e facilidade. É uma inteligência relacionada ao cerebelo, a porção do cérebro que controla os movimentos voluntários do corpo. Presente em esportistas olímpicos e de alto desempenho. É um dos tipos de inteligência diretamente relacionado a coordenação e capacidade motora.
- **Inteligência Espacial** – Pessoas com esse perfil de inteligência têm uma enorme facilidade para criar, imaginar e desenhar imagens 2D e 3D. Elas apresentam uma grande capacidade de criação em geral, mas principalmente apresentam um enorme talento para a arte gráfica. Pessoas com este perfil de inteligência têm como principais características a criatividade e a sensibilidade, sendo capazes de imaginar, criar e enxergar coisas que quem não tem este tipo de inteligência desenvolvido, em geral, não consegue.
- **Inteligência Musical** – É um dos tipos raros de inteligência. Pessoas com esse perfil têm uma grande facilidade para escutar músicas ou sons em geral e identificar diferentes padrões e notas musicais. Elas conseguem ouvir e processar sons além do que a maioria das pessoas consegue, sendo capazes também de criar novas músicas e harmonias inéditas. É como se pessoas com este perfil conseguissem "enxergar" através dos sons. Algumas pessoas têm essa inteligência tão evoluída que são capazes de aprender a tocar instrumentos musicais sozinhas. Assim como a inteligência espacial, este é um dos tipos de inteligência fortemente relacionados à criatividade.
- **Inteligência Interpessoal** – Inteligência interpessoal é um tipo de inteligência ligada à capacidade natural de liderança. Pessoas com esse perfil de inteligência são extremamente ativas e em geral causam uma grande admiração nas outras pessoas. São os líderes práticos, aqueles que chamam a responsabilidade para si. Eles são calmos, diretos e têm uma enorme capacidade

para convencer as pessoas a fazer tudo o que acharem conveniente. São capazes também de identificar as qualidades das pessoas e extrair o melhor delas, organizando equipes e coordenando trabalho em conjunto.

- **Inteligência Intrapessoal** – É um tipo raro de inteligência, também relacionado à liderança. Quem desenvolve a inteligência intrapessoal tem uma enorme facilidade em entender o que as pessoas pensam, sentem e desejam. Ao contrário dos líderes interpessoais, que são ativos, os líderes intrapessoais são mais reservados, exercendo a liderança de um modo mais indireto, por meio do carisma e influenciando as pessoas mediante ideias, e não ações. Entre os tipos de inteligência, este é considerado o mais raro.

Fonte: Adaptado de Mota, 2013.

Após a auto-observação e a anotação de suas reações, você deve ter alguma ideia sobre qual a inteligência predominante. Para que possa melhorar o resultado de seu trabalho, consulte a posição de Armstrong (2001) em um estudo em que o autor procurou relacionar o tipo de aula com a inteligência múltipla correspondente.

Procure desenvolver o programa indicado neste capítulo, o qual orienta o aluno a desenvolver a identificação da inteligência predominante em sua personalidade. Mas, antes, registre a inteligência que pensa ser predominante em você. Anote os resultados de seu trabalho na forma de um ensaio em seu diário de bordo.

Quadro 21.1 – Modelos de aulas que possibilitam a utilização dessa teoria na prática

Inteligência	Ativ. ensino	Materiais	Estratégias	Mov. educacional	Atuação do professor	Atividade
Linguística	Palestras, discussões, jogos de palavras, leitura e jornal.	Livros, gravadores, máquinas.	Ler, escrever sobre ela, falar sobre ela.	Linguagem total.	Ensinar por narração de histórias.	Palavra no quadro negro.
Lógico-matemática	Enigma, soluções de problemas, jogos.	Livros em fita, calculadora.	Quantificar algo, colocar em estrutura lógica.	Pensamento crítico.	Questionamento socrático.	Propor um paradoxo lógico.
Espacial	Apresentação visual, jogos de mapeamento.	Gráficos, mapas, vídeos, materiais de ilusão óticas.	Ver uma coisa, desenhá-la.	Pensamento crítico.	Desenhar, mapear.	Pendurar na sala imagem incomum.
Corporal-cenestésica	Aprendizagem prática, teatro, dança.	Instrumentos de argila.	Construir algo, tocá-la.	Aprendizagem prática.	Usar gestos, expressões.	Passar para a turma um artefato.

(continua)

(Quadro 21.1 – conclusão)

Inteligência	Ativ. ensino	Materiais	Estratégias	Mov. educacional	Atuação do professor	Atividade
Musical	Aprendizagem rítmica.	Instrumentos musicais.	Cantar, criar uma música.	Sugestopédia.	Usar voz rítmica.	Tocar música na sala.
Interpessoal	Instrução individualizada, desenvolvimento de autoestima.	Matérias de autoavaliação.	Relação de experiência com a vida.	Aprendizagem cooperativa.	Interação com os alunos.	Compartilhar experiências com os alunos.
Intrapessoal	Instrução individualizada, desenvolvimento de autoestima.	Matérias de autoavaliação.	Relação de experiência com a vida.	Instrução individualizada.	Fazer apresentação com sentimento.	Pensar na vida.
Naturalista	Estudo da natureza.	Plantas, animais.	Apreciar fenômenos naturais.	Estudos ecológicos.	Vincular assuntos a estudos.	Trazer planta ou animal para discussão.

Fonte: Armstrong, 2001, p. 62-63.

A partir do tipo de material indicado para cada aula (você pode identificar seu material preferido), é possível que você aprimore a análise que efetuou até o momento. Apesar de ser uma recomendação efetuada diretamente aos professores, sua leitura pode ajudá-lo a compor seu perfil de forma mais detalhada.

Para completar o perfil que permite identificar a inteligência que mais se destaca no indivíduo, é recomendável o acompanhamento psicológico, que, na realidade, deveria ser oferecido pelas escolas gratuitamente. De fato, essa oferta ocorre em algumas escolas, mas seria muito melhor se essa experiência se tornasse geral. A desenvoltura que falta ao aluno no que se refere à análise isenta de suas características pode, então, ser complementada por um acompanhamento psicológico que tem como início – bom início – uma atividade de auto-observação já desenvolvida pelo próprio aluno.

Independentemente do resultado de sua auto-observação e avaliação, o importante consiste em você ser mais uma vez colocado frente aos erros do sistema de ensino brasileiro, que precisa ser reformulado para que sejam dirimidas as dificuldades enfrentadas por alunos e professores. É cada dia maior o número de profissionais que abandonam as salas de aula ou que saem dos bancos escolares sem a formação desejada pelo mercado de trabalho.

Somente com uma postura educacional diferenciada dos docentes, somada a uma vontade política determinada da instituição de ensino e à colaboração do próprio aluno, será possível a melhoria das condições, hoje consideradas insuficientes, para uma educação de qualidade.

Blogs

1   Material adaptado da dissertação de mestrado
    desenvolvida pelo autor na UFSC (Munhoz, 2001).

Em tempo de desenvolvimento de um projeto instrucional, diversas e diferentes atividades são projetadas por meio de programas, tutoriais, animações, sistemas de multimídia, simulações, arquivos de vídeo e áudio e ambientes de contato com comunidades de aprendizagem. Por isso, para que você possa acessar o ambiente enriquecido com a tecnologia digital, algumas competências e habilidades tecnológicas fazem-se necessárias.

O projeto instrucional representa, segundo Filatro (2008), uma ação intencional adotada como estratégia educacional responsável pelo planejamento, pelo desenvolvimento e pela utilização de métodos, técnicas, atividades, materiais, eventos e produtos educacionais em situações didáticas específicas. Consideramos apropriado considerar o projeto instrucional como a forma que temos de efetivar a teoria na prática, com o desenvolvimento de um conjunto de atividades desenvolvidas pelo aluno em tempo de acompanhamento ao curso. Esse recurso supera a visão restrita do projeto político-pedagógico de um curso e amplia o programa de curso ao levar em consideração a tecnologia educacional envolvida e o comportamento e a atitude a serem adotadas pelo docente diante delas.

Para o desenvolvimento propriamente dito dessas atividades, o projetista instrucional utiliza, de forma extensiva, mas não gratuita, todas as ferramentas anteriormente apresentadas, às quais tem acesso e que são aplicáveis à apresentação dos conteúdos. No entanto, utilizam-se esses recursos à medida que são exigidos para a realização da atividade. As demais tarefas para as quais a utilização da tecnologia digital não é recomendada não pressupõe o uso de todos os meios de comunicação. Essa escolha depende do bom senso do projetista, que deve identificar quando um conteúdo não se aplica ao meio em questão.

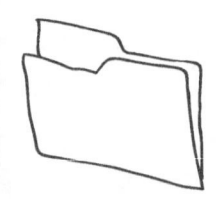

Em toda a literatura relacionada ao uso de ambiente virtuais de aprendizagem (AVAs), destaca-se a necessidade de o professor envolvido no trabalho no ambiente enriquecido com a tecnologia digital participar de programas de formação que lhe permitam desenvolver seu trabalho de forma confortável e eficaz. Nesses cursos de formação, o docente é colocado em contato extensivo com a tecnologia digital sob a perspectiva do "aprender fazendo" e, pelo menos nos ambientes considerados sérios, acaba por aprender a utilizar toda a tecnologia digital que lhe é necessária.

A mesma preocupação não se observa por parte das instituições de ensino que oferecem programas de cursos nesses ambientes no que diz respeito ao aluno. Se este conta com as competências e habilidades necessárias para manusear o AVA, poderá ser bem-sucedido. Se o estudante não gozar dessas condições, as instituições acabam por deixar que o indivíduo tome a decisão de "abandonar o barco" no meio da navegação.

Afirma-se que o aluno faz parte de uma geração digital e que deve saber trabalhar com todo e qualquer meio tecnológico colocado no ambiente. São poucas as instituições que proporcionam ao estudante iniciando sua aprendizagem AVA algum programa de nivelamento que lhe permita se alinhar, senão a todas as tecnológicas possíveis e disponíveis no mercado, ao menos às tecnologias digitais presentes no ambiente oferecido ao aluno. Como não sabemos quais são as tecnologias digitais presentes no ambiente em que você, leitor, está enquadrado, partimos da premissa de que existem todas as tecnologias digitais disponíveis na atualidade para tecnologia da comunicação e da informação em seu ambiente de estudo.

Trabalhar com as tecnologias digitais envolve saber como ler um texto digital, ouvir arquivos de áudio (*podcasts*), assistir a vídeos (*webcast*) e conhecer as formas de comunicação com colegas no ambiente virtual. Todas essas atividades são suportadas por programas convidativos e eficientes.

É importante enfatizar que, no mercado organizacional atual, os conhecimentos tecnológicos são muito bem-vindos e esperados. No entanto, nota-se que as empresas também são ávidas por profissionais que dispõem de um comportamento do indivíduo como cidadão do mundo, o qual respeita as outras pessoas e se faz respeitado por elas.

Durante a leitura do texto apresentado a seguir, anote como seu perfil profissional se relaciona às competências e às habilidades colocadas. É uma forma de avaliar em que nível você se adequa ao perfil profissional do novo milênio. Em seguida, registre o resultado de seus estudos em seu diário de bordo.

Bernardo Toro (2001), conhecido ativista social, enumerou sete competências e habilidades necessárias para o desenvolvimento das crianças e dos jovens de nosso tempo, tendo em vista o perfil do novo profissional sobre o qual tratamos neste capítulo:

- saber ler e escrever com desenvoltura, de modo a poder participar ativa e produtivamente da vida social;
- fazer cálculos e resolver problemas, aplicando essas habilidades nas necessidades do trabalho e da vida diária;
- analisar, sintetizar e interpretar dados e fatos, de modo a poder expressar seus pensamentos oralmente ou por escrito;
- buscar informação e formação que lhe permitam atuar como cidadão;
- receber criticamente os meios de comunicação, não se deixando manipular como consumidor e como cidadão;
- apresentar a capacidade de acessar e utilizar, da melhor forma possível, a informação acumulada, sabendo localizar dados, pessoas, experiências e, principalmente, saber como utilizar essas informações para resolver problemas;
- reconhecer o planejamento, o trabalho e as tomadas de decisão em grupo como saberes estratégicos para produtividade e democratização do conhecimento.

O professor Eduardo O. C. Chaves (citado por Munhoz, 2001) afirma que o profissional deste novo milênio deve apresentar algumas competências e habilidades:

- A primeira área refere-se às habilidades relativas à absorção da informação, em que se consideram como importantes a habilidade de leitura dinâmica (leitura com rapidez e compreensão) e o desenvolvimento e aprimoramento dos sentidos (o indivíduo deve aprender a perceber o que tem à sua volta).
- A segunda área diz respeito a habilidades relativas à **análise da informação**, por meio das quais o profissional deve apresentar pensamento crítico (aprender a analisar e avaliar a informação textual, numérica, estatística, gráfica, sonora, visual) e apresentar capacidades de raciocínio lógico (aprender a inferir e deduzir).
- A terceira grande área relaciona-se às habilidades relativas ao **gerenciamento da informação**, cujas exigências mínimas são a organização pessoal (aprender a organizar e arquivar a informação), a capacidade de memorização (aprender a reter o essencial na memória) e acesso à informação (aprender a encontrar o que não é memorizado).
- A quarta grande área refere-se à habilidade relativa à **transmissão da informação**, por meio da qual o sujeito aprende a apresentá-la.
- A última grande área refere-se às habilidades relativas ao **gerenciamento da vida**, ou seja, a capacidade de planejar (aprender a definir os objetivos e metas e as estratégias para alcançá-las) e administrar o tempo (aprender a distinguir o importante do urgente e a priorizar as atividades).

Outro educador que trabalha na mesma linha que apresentamos até este ponto do texto é considerado um dos formadores de opinião na área – Edgar Morin. O autor considera que existem "os sete saberes necessários à educação do futuro", apresentados a seguir.

- É necessário introduzir e desenvolver na educação o estudo das características cerebrais, mentais, culturais dos conhecimentos humanos, de seus processos e modalidades, das disposições tanto psíquicas quanto culturais que o conduzem ao erro ou à ilusão.
- A supremacia do conhecimento fragmentado de acordo com as disciplinas frequentemente impede a operação do vínculo entre as partes e a totalidade. Por isso, deve ser substituída por um modo de conhecimento capaz de apreender os objetos em seu contexto, sua complexidade, seu conjunto.
- É necessário reconhecer a unidade e a complexidade humanas, reunindo e organizando conhecimentos dispersos nas ciências da natureza, nas ciências humanas, na literatura e na filosofia, bem como pôr em evidência o elo indissolúvel entre a unidade e a diversidade de tudo que é humano.
- É necessário indicar o complexo de crise planetária que marcou o século XX, mostrando que todos os seres humanos, confrontados de agora em diante com os mesmos problemas de vida e de morte, partilham um destino comum.
- É necessário à ciência incluir o ensino das incertezas que surgiram nas ciências físicas, ensinando princípios que permitam enfrentar os imprevistos, o inesperado e a incerteza de modificar seu desenvolvimento, em função das informações adquiridas ao longo do tempo.
- É necessário estudar a incompreensão a partir de suas raízes, suas modalidades e seus efeitos, enfocando as causas do racismo, da xenofobia e do desprezo, voltando-se para uma educação para a paz.
- É necessário estabelecer uma relação de controle mútuo entre a sociedade e os indivíduos pela democracia e conceber a humanidade como uma comunidade planetária. A educação deve contribuir não somente para a tomada de consciência de nossa *Terra-Pátria*, mas também permitir que essa consciência se traduza em vontade de realizar a cidadania terrena.

Fonte: Adaptado de Morin, 2000.

Este último capítulo foi concebido a fim de despertar sua atenção para a necessidade de novos comportamentos e atitudes em uma sociedade exigente, competitiva, na qual as injustiças sociais estão sendo esquecidas sem serem combatidas por pessoas que, se dispusessem do perfil desenhado nas recomendações anteriores, certamente o fariam.

Para concluir...

O material de estudo que lhe foi entregue nos capítulos anteriores está totalmente voltado ao aluno, desenvolvido em complemento à obra *O estudo em ambiente virtual de aprendizagem: um guia prático* (Munhoz, 2012), e nos comprometemos a produzir novas obras logo que novas tendências nos ambientes enriquecidos com a tecnologia digital sejam observados.

Antes de encerrarmos, sugerimos que você leia com atenção este texto e leve em conta que você vai utilizar as recomendações apresentadas neste livro em diversos momentos diferenciados. O profissional do século XXI precisa reconhecer a necessidade imperativa de formação permanente e continuada. A proliferação e a evolução dos Moocs – *Massive Open Online Courses* – não oferecem alternativa ao profissional senão adquirir novas competências e habilidades sem que precise retornar aos bancos escolares.

O objeto de observação deste material foi o próprio ambiente enriquecido com a tecnologia digital, e os sujeitos da pesquisa foram alunos dos cursos de Pedagogia oferecidos na modalidade da educação a distância do Centro Universitário Uninter.

A importância de não interromper o processo de educação permanente e continuada se revelou eficiente e nos permitiu comprovar que alunos com experiências anteriores adquiridas em outros cursos desenvolvidos em ambientes virtuais têm maiores possibilidades de apresentar melhor aproveitamento nos cursos promovidos nos ambientes virtuais de aprendizagem (AVAs).

A influência da persistência e a criação de rotinas de trabalho ficaram evidenciadas no aproveitamento daqueles que cumpriram com todas as solicitações efetuadas, mesmo quando foi destacada a não obrigatoriedade de participação. Também observamos que o perfil do aluno "bonzinho" e calado, que não exige seus direitos e não efetua questionamentos constantes, revelou a máscara da ineficiência.

Situações vistas com zombaria por alguns alunos, principalmente quando colocamos questões referentes à concentração do estudante no ambiente, mostraram o erro daqueles que assim procederam. Quanto maior for a concentração que você é capaz de reunir no desenvolvimento de seus estudos independentes, melhores serão os resultados que poderá obter em sua aprendizagem nos ambientes enriquecidos com a tecnologia digital.

Sempre ressaltamos que, sem o desempenho do aluno, colocado como centro do processo de ensino e aprendizagem, toda a tecnologia digital e todo o trabalho com a utilização de ideias pedagógicas diferenciadas aplicadas no ambiente perdem o significado. É impossível ensinar a quem não quer aprender. No momento em que o aluno demonstra interesse e participa é que ele consegue reacender o entusiasmo e a paixão dos professores.

Se o desempenho é condição necessária para que as ações tomadas pelo aluno no ambiente enriquecido com a tecnologia digital sejam suficientes, é preciso motivação constante, pois ela contagia participantes que a manifestam e se tornam o ponto de apoio de muitos outros que não conseguem se motivar de forma suficiente para obter um bom resultado nos cursos oferecidos nos ambientes enriquecidos com a tecnologia digital.

Além da motivação, é necessário que o estudante apresente objetivos bem definidos; assim, adotar estratégias para obter resultados e solucionar problemas e saber utilizar todos os recursos colocados à disposição revela um comportamento do aluno bem-sucedido, que, por consequência, geralmente figura entre os melhores alunos do curso.

A sociedade contemporânea é testemunha de uma enorme variedade de indivíduos. Aqueles que negam essa realidade passam a fazer parte de movimentos de exclusão reprováveis por qualquer ângulo em que sejam analisados. Ao se isolar, mesmo que o aluno cumpra diversos outros requisitos, sua caminhada acaba por não culminar em uma formação eficaz e voltada para o desempenho da cidadania em seu maior grau. Por essa razão, você foi alertado para a importância da tolerância e da aceitação da diversidade cultural nos ambientes em que são desenvolvidos os estudos com a intervenção da tecnologia educacional.

Ainda no que se refere ao respeito à diversidade cultural, enfatizamos a necessidade de que seja respeitado o direito individual de cada um a receber uma educação completa e igualitária, na qual nenhum participante seja colocado em situações constrangedoras, seja por qual motivo for.

A aprendizagem ativa tem um obstáculo inicial considerável quando se observa a formação que a grande maioria dos alunos teve, em sua formação inicial. De modo geral, essa formação é reprodutora de conhecimentos, punitiva na sua forma de avaliação e não significativa para o aluno. Para este, ser independente do docente e participar de forma ativa do ambiente é um desafio. Aqueles que conseguem superar têm maior aproveitamento no ambiente enriquecido com a tecnologia digital.

Quando o aluno desenvolve a aprendizagem ativa, normalmente também é um aluno que costuma participar de todas as atividades no ambiente, sendo proativo e trocando informações de maneira constante e produtiva com todos os outros elementos participantes do processo educativo em que ele está envolvido. Os resultados não poderiam ser diferentes. Alunos com essas características sempre estão entre os que obtêm maior sucesso.

A escrita, a leitura e o analfabetismo funcional representam desafios difíceis de serem superados pela falta de costume que o aluno tem de desenvolver seu senso crítico, sua criatividade e sua iniciativa. Aos poucos, a ausência dessas qualidades torna o processo de comunicação um desafio a ser superado, principalmente no que diz respeito ao analfabetismo funcional. Recomenda-se a qualquer pessoa que observa essa qualidade negativa em seu perfil que lute com todas as forças contra ela, uma das principais motivadoras de um mau aproveitamento em todas as atividades.

A independência à qual os alunos dos ambientes tradicionais de ensino e aprendizagem não estão acostumados é uma das primeiras exigências que o aluno deve ter. Além da escolha dos conteúdos e da forma como desenvolverá as atividades de aprendizagem, há um aspecto importante: a criação de uma rotina de trabalho e o seu seguimento dentro do maior rigor possível.

As emoções e o prazer de estudar são aspectos psicológicos de fundamental importância. É algo que o aluno dos ambientes enriquecidos com a tecnologia digital deve ter em mente, sempre que for trabalhar sobre a sua personalidade, suas atitudes e seus comportamentos. Elas somam-se à motivação e a outras condições anteriores e, quando se manifestam, apresentam alunos com resultados sempre acima da média.

Não ser punido por medidas coercitivas quando alguma coisa não dá certo pode parecer um relaxamento de controle do processo de avaliação. Nada mais incorreto. A perspectiva da aprendizagem pelo erro libera o aluno do medo de fazer as coisas, o que representa um dos principais inimigos daqueles que querem desenvolver um processo de aprendizagem mais completo. É uma perspectiva diferente que, quando aplicada, leva o aluno a melhores resultados no processo de aprendizagem.

Os dois capítulos seguintes, que visam definir qual o estilo de aprendizagem e qual a inteligência predominante de cada indivíduo, representaram as perguntas mais frequentes dos alunos de diversos cursos de nivelamento, as quais se aplicaram a alunos e a leitores do material do primeiro livro. Eles foram analisados e a proposta deste material, de que o próprio aluno fosse responsável por seu sucesso, repetiu-se. Indicativos oferecidos e indicação de estudos complementares foram colocados para permitir que o próprio aluno defina esses dois importantes aspectos. Assim, ele adquire confiança e poderá atingir melhores resultados nas atividades de ensino e aprendizagem desenvolvidas nos ambientes enriquecidos com a tecnologia digital.

Muito se espera do profissional do terceiro milênio. Foram pesquisados especialistas em análise de perspectivas e os caçadores de talentos que definem como esse profissional deverá ser, que competências e habilidades ele deve apresentar. É importante que você procure não apenas acompanhar as necessidades colocadas em listas para composição de um perfil desejado pelo mercado, mas também formar em seu perfil profissional essas características que, somadas a tudo o que se procurou colocar como orientação neste material, resultam no que você tem em mãos: um material que pode mudar seu perfil e auxiliá-lo a se tornar aquele profissional desejado pelo mercado.

Este capítulo, cuja leitura você está terminando, procurou fornecer uma visão panorâmica, como algo a ser recordado e que destaca a importância de sua atuação motivada, ativa, prazerosa e eficaz nos ambientes enriquecidos com a tecnologia digital em cada uma das iniciativas que venha a tomar.

Esperamos que este material tenha auxiliado você a atender suas necessidades. Qualquer dúvida que tenha com relação ao conteúdo, ou simplesmente se quiser registrar o seu sucesso, a fim de que possamos divulgar para outros alunos os resultados que esperamos atingir, envie um *e-mail* com seus comentários para: antsmun@gmail.com

Sempre que possível, o contato será respondido. Assim, você poderá vir a participar de uma comunidade de prática a ser criada em torno deste material.

Referências

ABRAHÃO, J. et. al. Introdução à ergonomia: da prática à teoria. São Paulo: Blucher, 2009.

AGÊNCIA ESTADO. Pesquisa revela baixa qualidade do ensino superior. IG, 17 jul. 2012. Último Segundo: Educação. Disponível em: <http://ultimosegundo.ig.com.br/educacao/2012-07-17/pesquisa-revela-baixa-qualidade-do-ensino-superior.html>. Acesso em: 2 jul. 2013.

ALONSO, K. M. Algumas considerações sobre a educação a distância, aprendizagem e a gestão de sistemas não presenciais de ensino. In: PRETI, O. (Org.). Educação a distância: ressignificando práticas. Brasília: Liberlivro, 2005. p. 17-38.

ALVES, R. Conversas com quem gosta de ensinar. São Paulo: Ars Poética, 1995.

ANDRADE, L. A. da R.; PEREIRA, E. M. de A. Educação a distância e ensino presencial: convergência de tecnologias e práticas educacionais. In: ENCONTRO DE PESQUISADORES EM EDUCAÇÃO A DISTÂNCIA, 2012, São Carlos. Anais... São Carlos: UFSCar, 2012. Disponível em: <http://sistemas3.sead.ufscar.br/ojs/Trabalhos/364-1042-2-ED.pdf>. Acesso em: 15 jun. 2013.

ANTONELLLO, C. S.; GODOY, A. S. Aprendizagem organizacional no Brasil. Porto Alegre: Bookman, 2011.

ANTUNES, C. Novas formas de ensinar, novas formas de aprender. Porto Alegre: Artmed, 2002.

ARMSTRONG, T. Inteligências múltiplas na sala de aula. 2. ed. Porto Alegre: Artmed, 2001.

ARRUDA, F. Sete truques para manter o foco no trabalho ou estudos. 31 jul. 2012. Disponível em: <http://www.megacurioso.com.br/cotidiano/27622-7-truques-para-manter-o-foco-no-trabalho-ou-estudos.htm>. Acesso em: 10 jul. 2013.

BARBOZA, L. C.; GIORDAN, M. O engajamento como forma de mediação no diálogo virtual. In: ENCONTRO NACIONAL DE ENSINO DE QUÍMICA, 14., 2008, Curitiba. Anais... Curitiba: Eneq, 2008. Disponível em: <http://www.quimica.ufpr.br/eduquim/eneq2008/resumos/R0052-1.pdf>. Acesso em: 10 jun. 2013.

BATISTA, G. A.; Silva, M. R. L. da. Estilos de aprendizagem Kolb. Disponível em: <http://www.fucamp.edu.br/wp-content/uploads/2010/10/11%C2%AA-GUSTAVO-E-M%C3%81RCIA.pdf>. Acesso em: 5 ago. 2013.

BEHAR, P. A. Competências em educação a distância. São Paulo: Penso, 2013.

BRASIL. Ministério da Educação. Secretaria de Educação Fundamental. Parâmetros Curriculares Nacionais: Língua Portuguesa. Brasília, 1997.

_____. Ministério da Educação. Secretaria de Educação Fundamental. Parâmetros Curriculares Nacionais: Língua Portuguesa. Brasília, 1998.

BRITO, G. da S. Educação e novas tecnologias: um re-pensar. Curitiba: Ibpex, 2008.

BRUINI, E. DA C. Aprendizagem significativa. 25 jul. 2013. Disponível em: <http://educador.brasilescola.com/trabalho-docente/aprendizagem-significativa.htm>. Acesso em: 15 set. 2013.

CANCIAN, R. Jürgeb Habermas: a teoria sociológica – o surgimento da esfera pública. 14 maio 2008. Disponível em: <http://educacao.uol.com.br/disciplinas/sociologia/jurgen-habermas-a-teoria-sociologica-o-surgimento-da-esfera-publica.htm>. Acesso em: 15 set. 2013.

César, R. Tipos de planejamento. 2010. Disponível em: <http://professor robertocesar.files.wordpress.com/2010/08/3-tipos-de-planejamento.pdf>. Acesso em: 19 jun. 2012.

Chiavenato, I. Administração: teoria, processo e prática. Rio de Janeiro: Elsevier, 2007.

Costa Neto, G. O papel do tutor na educação a distância e sua importância. São Paulo: Clube de Autores, 2012.

Datner, Y. Jogos para educação empresarial: jogos, jogos dramáticos, role-playing e jogos de empresa. São Paulo: Ágora, 2006.

Delors, J. et al. Educação: um tesouro a descobrir. Relatório para a Unesco da Comissão Internacional sobre Educação para o século XXI. São Paulo: Cortez, 1998.

Demo, P. É errando que a gente aprende. Nova Escola, São Paulo, n. 144, p. 49-51, ago. 2001.

Diniz, J. A importância da experiência do trabalho no aprendizado. Disponível em: <http://www.gruposoma.net/experiencia-trabalho-aprendizado-carreira.html>. Acesso em: 10 jul. 2013.

Dolabela, F. Pedagogia empreendedora: ensino de empreendedorismo na educação básica. Disponível em: <http://fernandodolabela.wordpress.com/servicos-oferecidos/pedagogia-empreendedora>. Acesso em: 15 set. 2013.

Drucker, P. O melhor de Peter Drucker: a administração. São Paulo: Nobel, 2001.

Farrel, M. Estratégias educacionais em necessidades especiais: dificuldades de relacionamento pessoal, social e emocional. São Paulo: Artmed, 2008. (Guia do professor).

Filatro, A. Design instrucional na prática. São Paulo: Pearson, 2008.

FONTE, P. Projetos pedagógicos dinâmicos: a paixão de educar e o desafio de inovar. Rio de Janeiro: Wak, 2011.

FREIRE, P.; SHOR, I. Medo e ousadia: o cotidiano do professor. Rio de Janeiro: Paz e Terra, 1986.

GARDNER, H. Inteligências múltiplas: a teoria na prática. Porto Alegre: Artes Médicas, 1995.

GEAC – Grupo de Estudo Aprendizagem e Cognição. Disponível em: <https://sites.google.com/site/geacufrjpublico>. Acesso em: 30 out. 2013.

GIDDENS, A. As consequências da modernidade. São Paulo: Ed. da Unesp, 1991.

GOMES, F. DE F. L.; SOUZA, J. M. R. de. Os caminhos para o ensino produtivo de língua portuguesa. In: SEMANA DE LETRAS – LINGUAGEM E ENTRECHOQUES CULTURAIS. LÍNGUA, LITERATURA E CULTURA BRASILEIRA, 5., 2010, Paraíba. Anais... Paraíba: 2010. Disponível em: <https://www.google.com.br/url?sa=t&rct=j&q=&esrc=s&source=web& cd=1&ved=0CCgQFjAA&url=http%3A%2F%2Fentrechoques.ccha.uepb. edu.br%2F2010%2FGT0402.doc&ei=XoJyUo3hFK6xsASpn4GwBg&usg= AFQjCNF8ggdLGcrJocPzB1xUlH67JMvwjw&sig2=MsvnZytAh ISJCSFpift-UQ>. Acesso em: 31 out. 2013.

GUDWIN, R. Aprendizagem ativa. Disponível em: <http://faculty.dca.fee. unicamp.br/gudwin/activelearning>. Acesso em: 14 jun. 2013.

GUNTER, M. A.; ESTES, T. H.; SCHWAB, J. H. Instruction: a Models Approach. 3. ed. Boston: Allyn & Bacon, 1999.

HOLMBERG, B. Theory and Practice of Distance Education. London: Routledge, 1995.

HOUAISS, A.; VILLAR, M. DE S.; FRANCO, F. M. DE M. Dicionário eletrônico Houaiss da língua portuguesa. v. 3.0. Rio de Janeiro: Instituição Houaiss; Objetiva, 2009. 1 CD-ROM.

Huertas, J. A. Motivación: querer aprender. 1997. Disponível em: <http://mateandoconlaciencia.zonalibre.org/TA_Huertas_Unidad_4.pdf>. Acesso em: 12 jun. 2013.

IBGE – Instituto Brasileiro de Geografia e Estatística. Pesquisa nacional por amostra de domicílios. Disponível em: <http://www.ibge.gov.br/home/estatistica/pesquisas/pesquisa_resultados.php?id_pesquisa=40>. Acesso em: 6 jun. 2013.

IG Educação. Brasil tem 75% de analfabetos funcionais. 9 set. 2005. Disponível em: <http://www.educacional.com.br/noticias/noticiaseduc.asp?id=226926>. Acesso em: 6 jun. 2013.

Kapp, K. M. The Gamification of Learning and Instruction: Game-Based Methods and Strategies for Training and Education. San Francisco: Pfeiffer, 2012.

Kleiman, A. A concepção escolar da leitura. In: _____. Oficina de leitura: teoria e prática. Campinas: Pontes, 2000.

Labic – Laboratório de Estudos sobre Imagem e Cibercultura. Raciocínio Baseado em Casos (RBC). Disponível em: <http://www.exa.unicen.edu.ar/catedras/mlearnin/public_html/ParadigmasArgentina/argentinaraciociniobaseadoemcasos.ppt>. Acesso em: 13 jan. 2014.

Learning-Styles-Online.Com. Overview of Learning Styles. Disponível em: <http://www.learning-styles-online.com/overview>. Acesso em: 7 nov. 2013.

Lehman, R. M.; Conceição, S. C. O. Motivating and Retaining Online Students: Research-Based Strategies that Work. San Franscico: Jossey-Bass, 2013.

Luckesi, C. C. Avaliação da aprendizagem escolar. 14. ed. São Paulo: Cortez, 2002.

Luzzi, D. A. O papel da educação a distância na mudança do paradigma educativo: da visão dicotômica ao continuum educativo. 415 f. Tese (Doutorado em Educação) – Universidade de São Paulo, São Paulo, 2007. Disponível em: <http://www.teses.usp.br/teses/disponiveis/48/48134/tde-09102007-090908/pt-br.php>. Acesso em: 31 out. 2013.

Marinho, C. L. de O.; Pessanha, B. C. M. Interação: o pilar da EaD contemporânea. In: Encontro de Ensino e Pesquisa e Extensão da Faculdade Senac, 5., 2011, Pernambuco, Anais... Pernambuco, 2011. Disponível em: <http://www.faculdadesenacpe.edu.br/encontro-de-ensino-pesquisa/2011/V/anais/poster/012_2011_poster.pdf>. Acesso em: 8 jun. 2013.

Mattar, J. Games em educação: como os nativos digitais aprendem. São Paulo: Pearson, 2010.

Mckinney.; Heyl, B. S. Sociology through Active Learning: Strident Exercises. Illinois: Sage Publications Company, 2009.

McGonigal, J. Reality is Broken: Why Games Make us Better and How They Can Change the World. London: Penguin Press, 2011.

Mercado, L. P. L. (Org.). Experiências com tecnologias da informação e da comunicação na educação. Maceió: Edufal, 2006.

Miguel, P. A. C. (Coord.). Metodologia de pesquisa para engenharia de produção e gestão de operações. Rio de Janeiro: Elsevier, 2012.

Miranda, R. Falta de concentração pode pôr todo um trabalho a perder. Disponível em: <http://www2.uol.com.br/vyaestelar/psicologiadoesporte_concentrar01.htm>. Acesso em: 17 jul. 2013.

Moore, M.; Kearsley, G. Distance Education: a Systems View of Online Learning. Belmont: Wadsworth Cengage Learning, 2012.

Morais, F. de. Empresa-escola: educação para o trabalho versus educação pelo trabalho. São Paulo: Senac, 2010.

Morin, E. Os sete saberes necessários à educação do futuro. Tradução de Catarina Eleonora F. da Silva e Jeanne Sawaya. São Paulo: Cortez, 2000.

Mota, M. Os 7 tipos de inteligência: de que tipo é o seu cérebro? Guia da Carreira. Disponível em: <http://www.guiadacarreira.com.br/artigos/auto-conhecimento/7-tipos-de-inteligencia>. Acesso em: 12 jul. 2013.

Munhoz, A. S. O estudo em ambiente virtual de aprendizagem: um guia prático. Curitiba: InterSaberes, 2012.

_____. Uma proposta para formação de professores para educação a distância. 18 dez. 2001. 234 f. Dissertação (Mestrado em Educação) – Universidade Federal de Santa Catarina, Florianópolis, 2001.

Mytie, C. Local de estudo. Disponível em: <http://www.alunosonline.com.br/vestibular/local-de-estudo.html>. Acesso em: 17 out. 2013.

Nogueira, N. R. Pedagogia dos projetos. São Paulo: Érica Ltda., 2007.

Orrico, A. Mercado brasileiro já é o quarto maior do mundo e deve continuar a crescer. Folha de S. Paulo, 8 out. 2012. Disponível em: <http://www1.folha.uol.com.br/tec/1165034-mercado-brasileiro-de-games-ja-e-o-quarto-maior-do-mundo-e-deve-continuar-a-crescer.shtml>. Acesso em: 15 jul. 2013.

Orsi, C. Georgia Tech passa a oferecer mestrado de baixo custo via MOOC. 25 jun. 2013. Disponível em: <http://www.revistaensinosuperior.gr.unicamp.br/notas/georgia-tech-passa-a-oferecer-mestrado-de-baixo-custo-via-mooc>. Acesso em: 15 jul. 2013.

Patron, H.; Lopez, S. Student Effort, Consistency, and Online Performance. The Journal of Educators Online, Alabama, v. 8, n. 2, July 2011. Disponível em: <http://www.thejeo.com/Archives/Volume8Number2/PatronandLopezpaper.pdf>. Acesso em: 12 jun. 2013.

Perrenoud, P. A pedagogia na escola das diferenças: fragmentos de uma sociologia do fracasso. Porto Alegre: Artmed, 2001.

Portilho, E. M. L.; Dreher, S. A. de S. Agregando estratégias metacognitivas à formação do psicopedagogo. Disponível em: <http://www.metacognicao.com.br/wp-content/uploads/2013/03/Agregando-Estrate%CC%81gias-Metacognitivas-a-Formac%CC%A7a%CC%830-do-Psicopedagogo.pdf>. Acesso em: 15 set. 2013.

Prensky, M. Não me atrapalhe, mãe – eu estou aprendendo: como os videogames estão preparando nossos filhos para o sucesso no século XXI e como você pode ajudar. São Paulo: Phorte, 2010.

____. Digital Game-Based Learning. Minnesota: Paragon House, 2007.

Pretto, N. Redes sociais. 13 jul. 2013. Disponível em: <http://www.youtube.com/watch?v=duhdEdI6NCU>. Acesso em: 19 jul. 2013.

Ramos, M. B. J.; Faria, E. T. Aprender e ensinar: diferentes olhares e práticas. Porto Alegre: EdiPUCRS, 2011.

Ribeiro, M. A. de P. A técnica de estudar. São Paulo: Vozes, 2009.

Ribeiro, V. M. Indicador nacional de alfabetismo funcional: Brasil. Disponível em: <https://www.google.com/url?q=http://www.ibope.com.br/opp/pesquisa/politica/eleicoes/download/paper_INAF.doc&sa=U&ei=yR76UpjtFtLRkQeOuoHgDw&ved=0CAkQFjAE&client=internal-uds-cse&usg=AFQjCNGIHMFS5WNZc52dGOsZyMXSbH1rYw>. Acesso em: 19 jul. de 2013.

Roblyer, M. D.; Doering A. H. Technology Solutions with Potential for High Relative Advantage. Disponível em: <http://www.education.com/reference/article/technology-solutions-potential-high>. Acesso em: 24 jul. 2013.

Rodrigues, M. Espaço para estudo. Disponível em: <http://vestibular.brasilescola.com/dicas/espaco-para-estudo.htm>. Acesso em: 20 out. 2013.

Rosa, C. T. W. da. A metacognição e as atividades experimentais no ensino da física. 346 f. Tese (Pós-Graduação em Educação Científica e Tecnológica em Educação Científica e Tecnológica) – Universidade Federal de Santa Catarina, Florianópolis, 2001. Disponível em: <https://repositorio.ufsc.br/bitstream/handle/123456789/95261/290643.pdf?sequence=1>. Acesso em: 31 out. 2013.

Rumble, G. A gestão dos sistemas de ensino a distância. Brasília: Ed. da UnB, 2003.

Santos, B. S. dos; Antunes, D. D.; Bernardi, J. O docente e sua subjetividade nos processos motivacionais. Educação, Porto Alegre, v. 31, n. 1, p. 46-53, jan./abr. 2008. Disponível em: <http://revistaseletronicas.pucrs.br/ojs/index.php/faced/article/view/2757/2104>. Acesso em: 31 out. 2013.

Santos, E.; Alves, L. (Org.). Práticas pedagógicas e tecnologias digitais. Rio de Janeiro: E-papers, 2006.

Santrock, J. W. Psicologia educacional. São Paulo: McGraw-Hill, 2009.

Sasaki, R. A importância da concentração. 26 nov. 2009. Disponível em: <http://folhasnocaminho.blogspot.com.br/2009/11/importancia-da-concentracao.html>. Acesso em: 12 jul. 2013.

Saviani, D. Pedagogia histórico-crítica: primeiras aproximações. Campinas: Autores Associados, 2008. (Coleção Educação Contemporânea).

Seleme, R. B.; Munhoz, A. S. Universidade corporativa: efetivação da formação permanente e continuada na sociedade contemporânea. In: Congresso Internacional Abed de Educação a Distância. 15., 2009, Fortaleza. Anais... Fortaleza: Abed, 2009. Disponível em: <http://www.abed.org.br/congresso2009/CD/trabalhos/1732009101118.pdf>. Acesso em: 4 jul. 2013.

SILVA, C. M. M. DA et al. O estudo da cognição e da metacognição como base para o desenvolvimento de novas técnicas de aprendizagem. Revista Digital, Buenos Aires, Año 14, n. 142, marz. 2010. Disponível em: <http://www.efdeportes.com/efd142/o-estudo-da-cognicao-e-da-metacognicao.htm>. Acesso em: 6 nov. 2013.

SILVA, U. R. DA. A teoria das inteligências múltiplas e sua importância para auxiliar nos problemas de aprendizagem. Jornal da Educação, 20 jan. 2012. Disponível em: <http://www.jornaldaeducacao.inf.br/index.php?option=com_content&task=view&id=1604#myGallery1-picture(14)>. Acesso em: 20 set. 2013.

SMITH, M. K.; DAVID, A. Kolb on Experiential Learning. Disponível em: <http://www.infed.org/biblio/b-explrn.htm>. Acesso em: 5 ago. 2013.

SOARES, F.; CESAR, M. (Org.). Ergonomia: trabalho adequado e eficiente. São Paulo: Campus, 2011.

SOUZA, O. S. H. Identidades e diferenças: um desafio às relações psicossociais na sala de aula. Reflexão e Ação, v. 15, n. 1, 2007. Disponível em: <http://online.unisc.br/seer/index.php/reflex/article/view/224/171>. Acesso em: 31 out. 2013.

SOUZA, R. B. DE. O uso das tecnologias na educação. Disponível em: <https://www.grupoa.com.br/revista-patio/artigo/5945/o-uso-das-tecnologias-na-educacao.aspx>. Acesso em: 20 out. 2013.

TAKIMOTO, T. Afinal, o que é uma comunidade de prática? 22 abr. 2012. Disponível em: <http://www.sbgc.org.br/sbgc/blog/afinal-que-e-uma-comunidade-pratica>. Acesso em: 27 jun. 2013.

TAPIA, J. A. Learning-Related Motives and Motivational Quality of Learning Environment. Madrid: Springer Science, 2011.

Targino, R. Pnad: Um em cada cinco brasileiros é analfabeto funcional. 8 set. 2010. Disponível em: <http://noticias.uol.com.br/especiais/pnad/2010/ultimas-noticias/2010/09/08/pnad-um-em-cada-cinco-brasileiros-e-analfabeto-funcional.jhtm>. Acesso em: 7 jul. 2013.

Thompson, C. Smarter than You Think: How Technology is Changing our Minds for the Better. Canada: The Penguin Press, 2013.

Todos Pela Educação. Perda de prestígio: escolas públicas como Cap-Uerj caem no ranking no Rio. 13 set. 2011. Disponível em: <http://www.todospelaeducacao.org.br/comunicacao-e-midia/educacao-na-midia/18783/perda-de-prestigio>. Acesso em: 7 nov. 2013.

Toro, J. B. Códigos da modernidade: capacidades e competências mínimas para participação produtiva no século XXI. Tradução de Antonio Carlos Gomes da Costa. Modus Faciendi, 18 fev. 2001. Disponível em: <http://www.ufrn.br/sites/engenhodesonhos/mediateca/artigos/codigosdamodernidade.pdf>. Acesso em: 11 nov. 2013.

Torre, S. de la. Aprender com os erros: o erro como estratégia de mudança. Porto Alegre: Artmed, 2007.

Universia. Descubra que tipo de aluno você é e aumente as suas notas. 3 ago. 2012. Disponível em: <http://noticias.universia.com.br/destaque/noticia/2012/08/03/955913/descubra-tipo-aluno-voce-e-e-aumente-suas-notas.html>. Acesso em: 10 jul. 2013.

_____. Veja como construir um ambiente ideal de estudos. Disponível em: <http://universitario.universia.com.br/provas-exames/provas-interativas>. Acesso em: 20 out. 2013.

Veiga, I. P. A. (Org.). Técnicas de ensino: novos tempos, novas configurações. Campinas: Papirus, 2006. (Coleção Magistério: Formação e Trabalho Pedagógico).

VEJA. A importância das redes sociais na educação. Disponível em: <http://globotv.globo.com/rede-bahia/aprovado/v/veja-a-importancia-das-redes-sociais-na-educacao/2689151>. Acesso em: 19 jul. 2013.

WERNECK, H. A nota prende, a sabedoria liberta. Rio de Janeiro: DP&A, 2002.

_____. Se a boa escola é a que reprova, o bom hospital é o que mata. Rio de Janeiro: DP&A, 1999.

WORTHAN, J. "Computação afetiva" mira emoções. Observatório da Imprensa. 25 jun. 2013. Disponível em: <http://www.observatoriodaimprensa.com.br/news/view/_ed752_computacao_afetiva_mira_emocoes>. Acesso em: 15 set. 2013.

ZOHAR A.; DORI, Y. J. Metacognition in Science Education: Trends in Current Research. New York: Springer, 2012.

Sobre o autor

Antonio Siemsen Munhoz atua como professor doutor na área de tecnologias educacionais e como consultor em EaD e tecnologias inovadoras no Centro Universitário Uninter. Formado em Engenharia Civil, em 1978, pela Universidade Federal do Paraná (UFPR). Especialista em Metodologia do Ensino Superior (Fies, 2000), em metodologia da pesquisa científica pelo Instituto Brasileiro de Pesquisa e Extensão (Ibpex, 2001), em Tecnologias Educacionais pelas Faculdades Spei (2001) e em Educação a Distância pela UFPR (2001). Mestre em Engenharia da Produção com ênfase em Educação a Distância. Doutor em Engenharia da Produção com ênfase em Educação a Distância. Pesquisador nas áreas de tecnologias inovadoras e sua aplicação em educação.

Os papéis utilizados neste livro, certificados por instituições ambientais competentes, são recicláveis, provenientes de fontes renováveis e, portanto, um meio responsável e natural de informação e conhecimento.

FSC
www.fsc.org
MISTO
Papel produzido
a partir de
fontes responsáveis
FSC® C103535

Impressão: Reproset
Abril/2021